漢字で読み解く日本の神様

Yoji Yamaguchi
山口謠司

CCCメディアハウス

はじめに
神様の名前を読み解くことは、神様の本質にせまること

「なぜ神様の名前は漢字なんだろう？」と考えたことはありますか？　ときには、画数の多い難しい漢字が使われていたり、普段は見慣れない不思議な漢字が入っていたりすることもありますよね。本書はそんな神様の名前に隠された謎を読み解くことで、日本古来の神様たちについてもっと深く知ることができたら、という本です。

我が国には、古く、固有の文字はありませんでした。様々な記録を残すための文字は、中国から、あるいは朝鮮半島を通して入って来たのです。

その文字とは、つまり漢字です。

漢字は、もともと「漢文」を書くための文字です。しかし、文字がなかった日本では、漢字をうまく利用して、日本語を書く方法を考え出したのです。それには、二つの方法がありました。

一つは、「音借《おとしゃく》」（「借音」ともいいます）という方法です。

これは、日本語の「ア」という発音に「阿」「亜」「安」など、漢字でも同じような発音をするものを当てて書く方法。

二つ目は、「訓借《くんしゃく》」（借訓ともいいます）です。

これは、漢字の意味を借りて、日本語を書き表す方法です。「訓」は「意味」を表します。例えば「たべる」「のむ」「はしる」など、これらの言い方は日本語ですが、意味としては、漢字で「食」「飲」「走」などを利用することができます。この場合、日本語の言い方（読み方）が消えてしまうという難点はありますが、意味を伝えることはできるでしょう。

こうした漢字の「音借」と「訓借」の利用は、中国では二世紀頃から既に、サンスクリット語で書かれた仏教の経典を漢文に訳していく時に行われていました。同じ方法が、文字のなかった日本語でも、使われることになったのです。

ですから例えば、「猿田毘古神《さるたびこのがみ》」（32ページ）という名前の「毘古」は、日本語の「ひこ」の発音を、漢字で音借した部分です。また「さるた」は訓借で、「さる」「た」のそれぞれの日本語としての意味に当てはまる漢字を探してきて「猿」「田」と当てて使ったのです。

このように、古来から音だけで伝わってきた神様たちの名前を、その音と意味に合わせて、漢字をあてがい、文字に落とし込んでいったのです。だからこそ、漢字を読み解くことによって神様の名前の由来を知ることができるのです。

神様はどうやって生まれたのか

神様のことが書かれた基本的な文献は、風土記や『古事記』『日本書紀』『古語拾遺』です。各地の伝承が中央によってまとめられたものが風土記で、これを整理したのが『古事記』、またこれを中国、朝鮮半島の国々に対して書いたのが『日本書紀』、さらに『古事記』や『日本書紀』に漏れたりした部分、あるいは神道の祭儀などをその形式がほとんど定まった段階でまとめたのが『古語拾遺』ということになるでしょう。『古語拾遺』は平安時代、八〇七年になって編纂されたものです。

縄文時代から、我が国にはおそらく、それぞれの地方を治める部族がいたのだと思われますが、これらの部族には、それぞれの出自を神格化した祖先神がありました。また、人の生活は、自然と切り離して考えることはできません。こうした祖先神や、自然のそれぞれの現象を、神として崇め、それぞれの特徴を名前として記したのがこれらの文献だったのです。ですから、それぞれの書物で、同じ神様なのに、別の漢字で書かれたりするような場合も少なくありません。

そして、四世紀頃から次第に日本の国家形成を行ってきた大和朝廷が、六四五年の大化の改新を経て律令国家となり、八世紀初頭に奈良時代を迎えた時に、自国の拠り所を、中国や朝鮮半島の文化の影響を受けたものではない、独自の「神道」に求めた際に生まれたのがこうした文献だったということでもあります。

自然に対する「畏敬の念」から生まれた神々の系譜

古代の人々は、現代の我々のように科学的、実証的に、自然現象を分析することはできませんでした。しかし、それと同時に、我々が失いつつある「畏敬の念」を彼らは強く持っていました。天地の間にあるあらゆるもの、それに翻弄される人間の生命——そのすべて、あらゆる現象に彼らは神々の力を感じて畏敬の念を抱いたのです。

そして、その畏敬の念は、神々にまつわる伝承として代々伝えられ、『古事記』によってほぼまとめられることになります。これが日本という「国家形成」の基盤となるのです。

遠い遥か昔、一体だった天と地が分かれて、この世ができる……こうした天地開闢《てんちかいびゃく》の話から説かれていく神話の世界は、古代ならではの論理をもって展開されていきます。これが「別天神《ことあまつかみ》」であり「神代七代《かみのよななよ》」と呼ばれる神々です。

まず、高天原《たかまがはら》というところに、造化三神《ぞうかさんしん》が現れます。目に見える神様ではありませんが、天地を主宰する神様として「天之御中主神《あめのみなかぬしのかみ》」（28ページ）、万物の生産・生成を司る「高御産巣日神《たかみむすびのかみ》」（54ページ）、さらに出雲という特別な地域で万物の生産・生成を司る「神産巣日神《かみむすびのかみ》」が生まれます。この時、地上はまだドロドロしてまるで水に浮かぶ油のような状態でした。ここから葦の芽のようなものが現れ、二柱の神が生まれます。「宇摩志阿斯訶備比古遅神《うましあしかびひこぢのかみ》」と「天之常立神《あめのとこたちのかみ》」（86ページ）です。前者は、万物の生命力を司る神様、後者は、天の永遠性を表すための神様です。ここまでの五柱の神が「別天神」と呼ばれるものです。

ここから、次に、日本という国土を作っていく神様が現れます。国土を固める役割を果たす「国之常立神《くにのとこたちのかみ》」（30ページ）、雨を降らせて大地を潤す「豊雲野神《とよくもぬのかみ》」、穀物が実るように肥沃な大地を作る「宇比地邇神《うひぢにのかみ》」と「須比智邇神《すひぢにのかみ》」、大地の土が流れ出して失われないようにする「角杙神《つぬぐいのかみ》」と「活杙神《いくぐいのかみ》」、人が住む家を作る「意富斗能地神《おほとのぢのかみ》」と「大斗乃弁神《おほとのべのかみ》」、地面が形作られるようにする

「於母陀流神《おもだるのかみ》」と「阿夜訶志古泥神《あやかしこねのかみ》」、そして、日本という国のあらゆるものを作る「伊邪那岐命《いざなぎのみこと》」と「伊邪那美命《いざなみのみこと》」（－30ページ）が生まれて来るのです。これらが「神代七代」と呼ばれます。

『古事記』などで国家の主神とされる「天照大神《あまてらすおおみかみ》」（18ページ）は、この伊邪那岐命と伊邪那美命が日本という国土に必要なものをすべて造り終えて、伊邪那美命が死に、伊邪那岐命が黄泉の国から戻ってから、生まれて来ることになります。こうして伊邪那岐命が生んだのが、太陽を表す「天照大神」、月を表す「月読命《つくよみのみこと》」（38ページ）、そして「須佐之男命《すさのおのみこと》」（68ページ）です。

須佐之男命もまた出雲で、様々な神様を生んでいきます。神様が神様を生むことで広がった神様の系譜ですが、その後も神様はまだまだたくさん生まれて来ます。わかりやすいところで言えば、豊臣秀吉も、徳川家康も、乃木希典、東郷平八郎といった人たちも、亡くなってからは人物神として祀られています。

日本には、八百万の神がいると言われるように、すべての存在に神が宿っているのです。

その神様の名前は、すべて漢字で書かれます。その漢字にルーツを求め、神様の本質にせまる謎解きのような体験を、読者の皆様にも楽しんでいただけたら幸いです。

令和元年五月吉日　山口謠司　拝

【目次】

第二章　縁結び・子宝の神様

第三章 金運・商売の神様

第四章 健康・長寿の神様

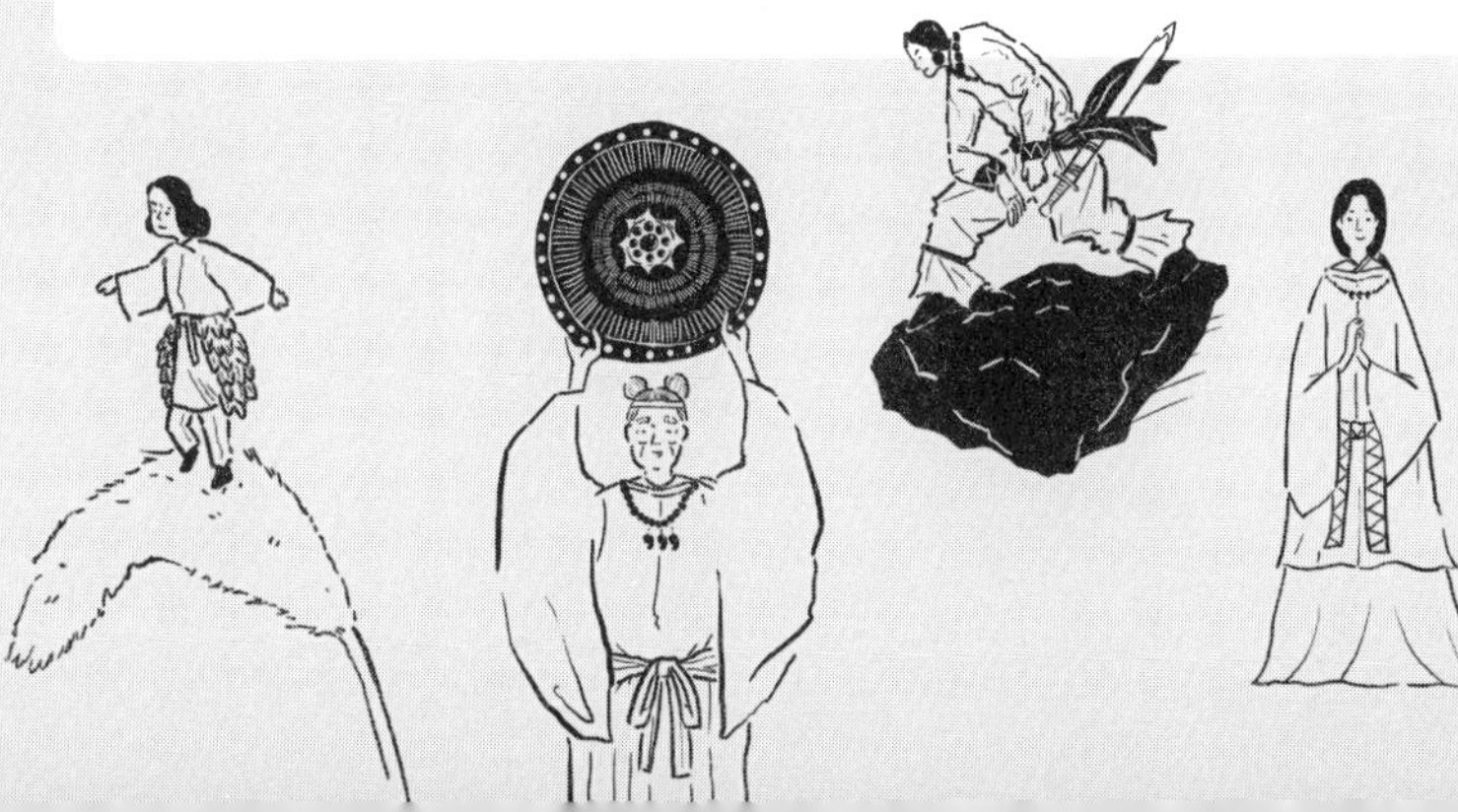

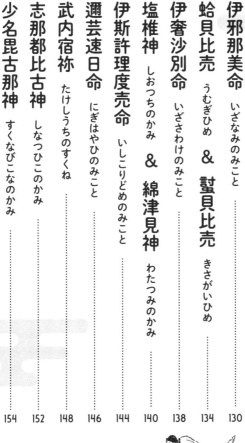

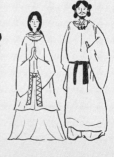

第五章 学問・技芸向上の神様

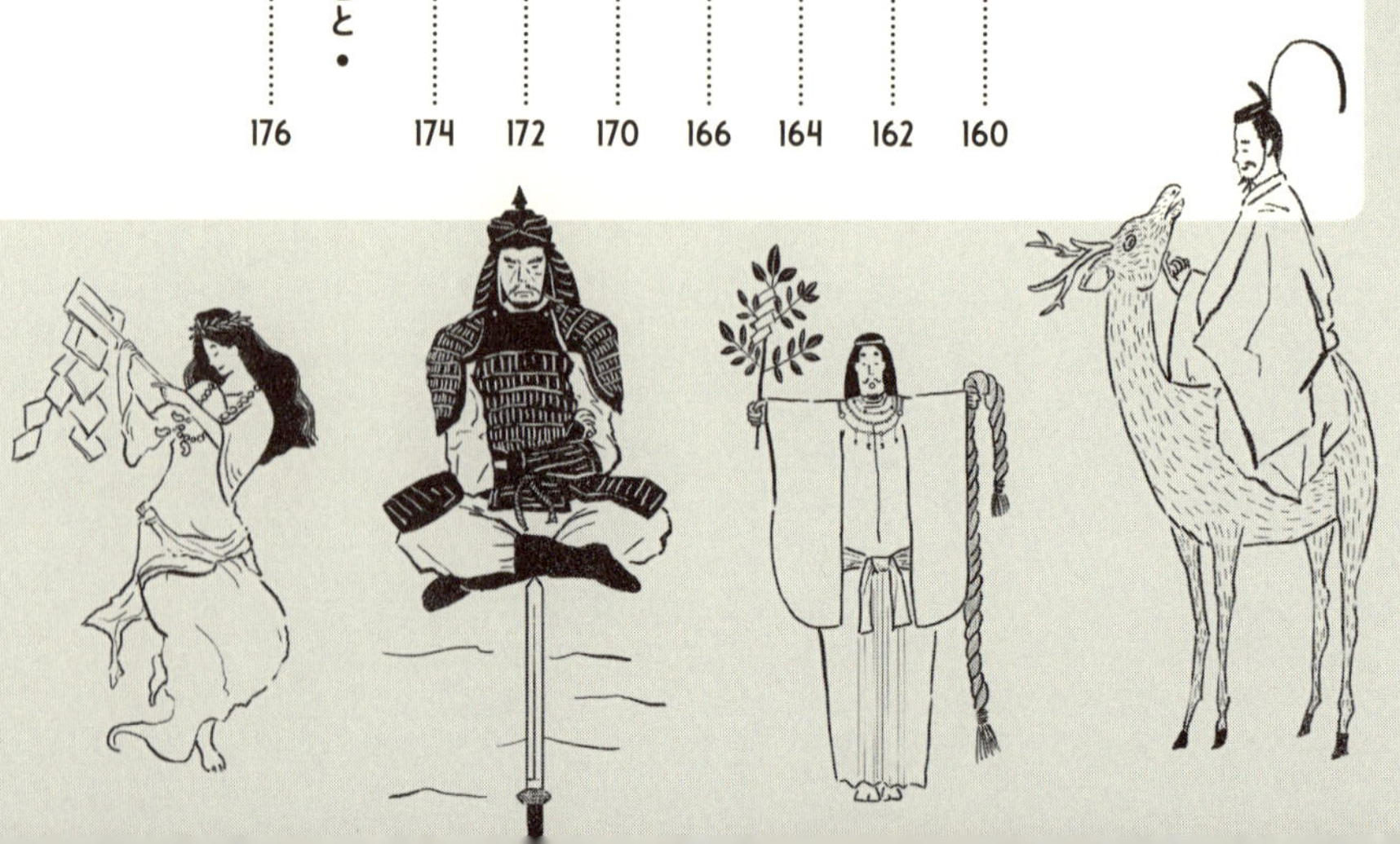

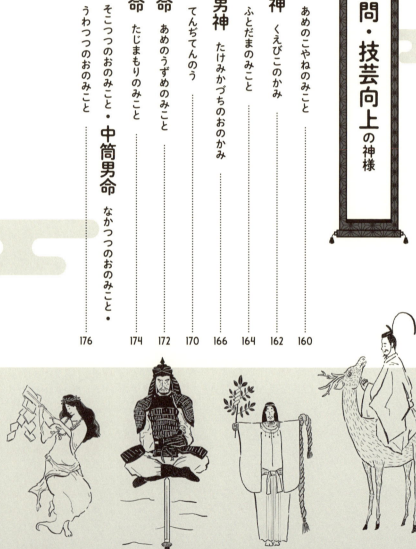

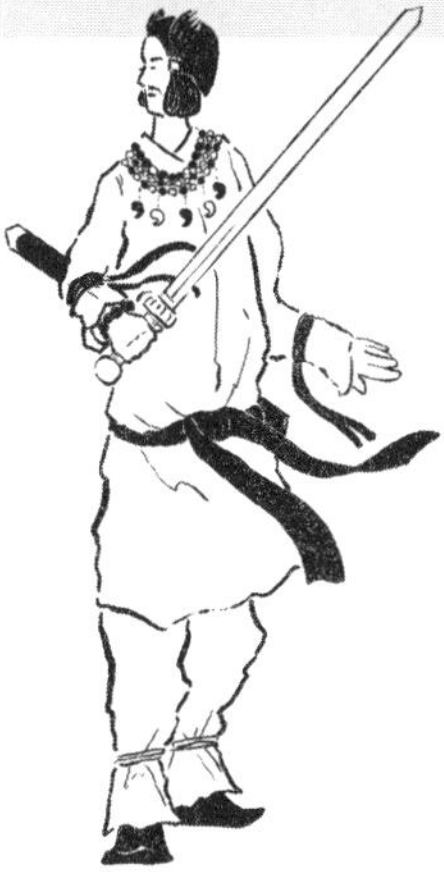

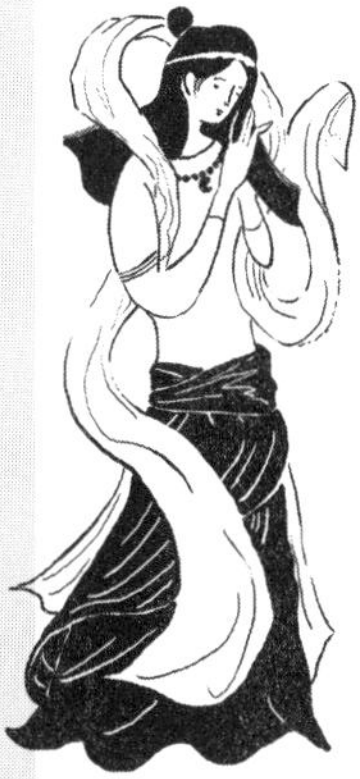

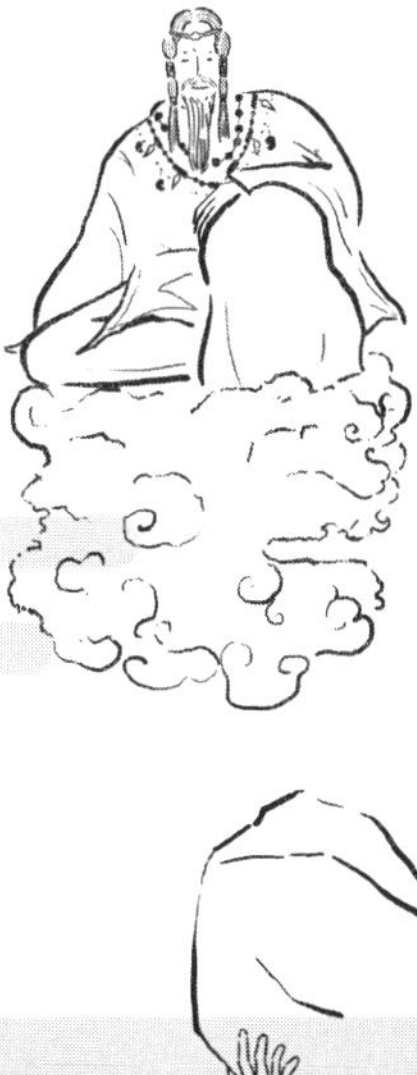

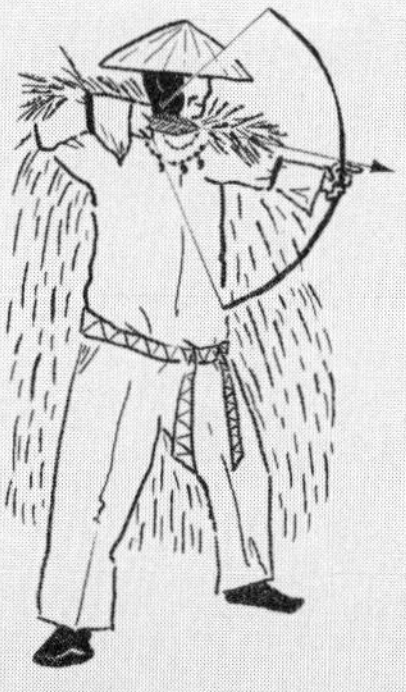

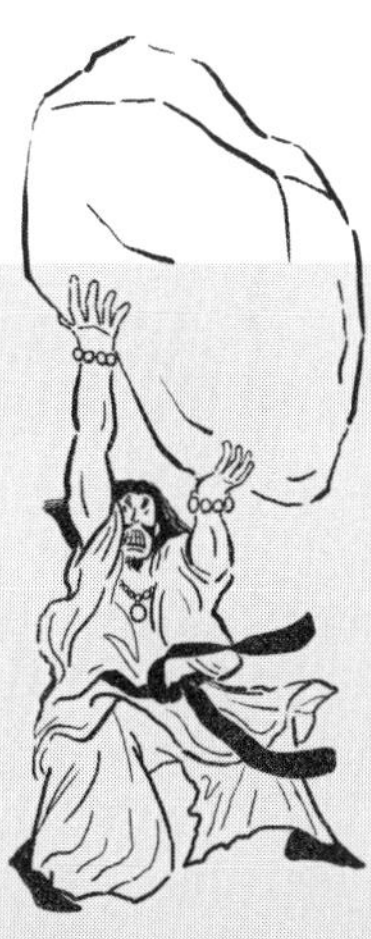

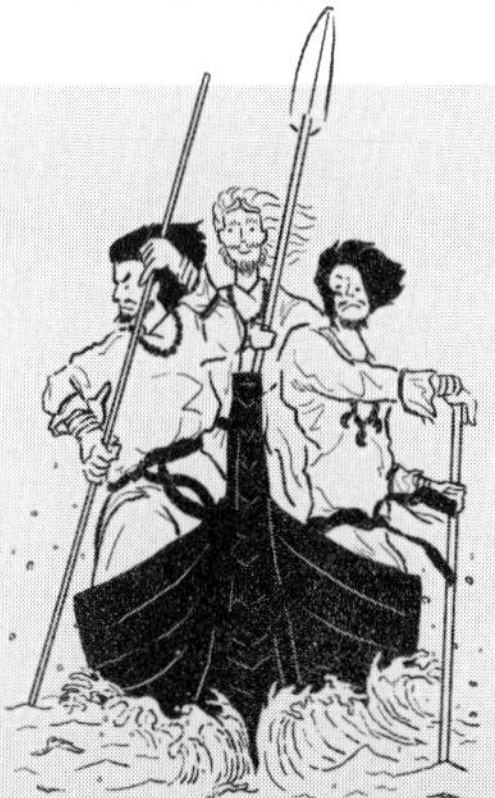

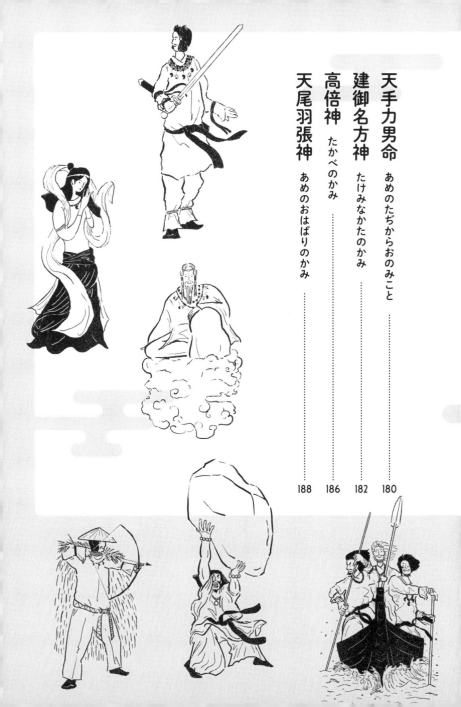

第一章
開運・厄除けの神様

日本に古くから伝わり、
長い年月をかけて大切に祀られてきた
幸運を授けてくれる開運の神様と、
あらゆる災難から守ってくれる厄除けの神様。
この世界の誕生、開拓、繁栄にまつわる
ありがたい神様たちのルーツを、
その名前からたどります。

開運・厄除けの神様

天照大神《あまてらすおおみかみ》

頭上に高く広がる大空を支配するもの、最高神 …… 天

すみずみまで光が及ぶこと …… 照

形が大きい、立派であること …… 大

理性では分からない不思議な力 …… 神

主なご利益

・開運
・福徳
・勝運
・国家安穏
・子孫繁栄

人々に自然の恵を与える太陽の神様

伊邪那岐命《いざなきのみこと》が黄泉の国から戻り、穢れを払う禊として左目を洗った時に生まれたとされる女神。天皇家の祖神として知られ、「大日孁貴神《おおひるめのむちかみ》」という別名もある。弟の須佐之男命が暴れたことに激怒し天岩戸に隠れてしまうが、他の神様たちが宴会で誘い出し、再び日本に太陽が戻って来た。

偉大な自然の力を象徴する最高神

「天」は「大」という漢字の上に「一」が書かれた漢字です。「大」は、人が両手を広げて立っているところを描いた象形文字。そして「天」の第一画、「一」は人の頭上に、水平に広がっている「空」を意味します。二文字目の**「照」**は「日」と「刀」と「口」、それから「火」を表す「灬」から成り立っています。まず、「刀」と「口」を合わせた「召」から説明しましょう。「刀」は「刀」の刃の部分の曲線を表し、「召」は、そんなふうに婉曲に「口」で人を誘うことを表します。それに「日」が付いた「昭」は、太陽が半円を描くように光を大地にすみずみまで注ぐことを意味し、さらにハッキリと明らかであることを表します。そしてそれにつく「灬」は、その明るさの激しさ、強さを強調したものです。**「大」**の字源は「大きく、たっぷり、ゆとりがある」ということ。**「神」**の右側、「申」は、稲妻が伸びる形を描いた象形文字です。左側の「示」は、祖先の霊を祀る祭壇を意味し、稲妻のように不可知な自然の力や不思議な力を持つもの、さらに目に見えない心の働きなどを表します。

すなわち「天照大神」とは「人の頭上に大きく広がり、地上のすみずみまで光を注ぐ、たっぷりとゆとりのある不思議な自然の力」ということになるでしょう。

祀られている神社

- 伊勢神宮（内宮）：三重県伊勢市宇治館町1
- 東京大神宮：東京都千代田区富士見2-4-1

開運・厄除けの神様

倭建命

やまとたけるのみこと

倭……調和を意味する

建……しっかりと建てる

命……お告げ、天からの使命

三種の神器・草薙剣《くさなぎのつるぎ》で反逆者を討伐した悲劇の皇子

第十二代景行天皇の皇子として生まれ、武勇に秀でていたとされる。『古事記』では、父の言いつけを守らない兄を殺してしまい、その力を恐れた父帝から各地の反逆者たちを討伐するための遠征を命ぜられる。一度は西の熊襲健《くまそたける》を討ち都に凱旋するも、すぐにまた東国遠征の命を受け、その帰路で息を引き取った。

主なご利益

- 開運招福
- 必勝
- 出世
- 除災
- 試験合格

大和統一に邁進した強い心をもつ勇者

「倭」は、もともとは、しなやかに穂を垂れた低い粟を描いた漢字です。異民族を蔑んで呼ぶ中国大陸の古代王朝の人々が、日本人に付けたのがこうした字でした。ただ、「倭」は「ワ」と発音し、「和」と同じ意味で使われるようになります。「和」は、「禾」が稲穂を表し、「口」が、たくさんの稲穂を縛ってまとめることを表すことから、「すべてのものが調和してなごやかにまとまっている」ことを意味します。

「建」は、「聿」と「廴」で作られています。「聿」は「筆」をまっすぐ縦に立てた状態を表し、「廴」は進むことを意味します。つまり、「建」は、身体をまっすぐに立てて、堂々と躍進することを示します。のちに「イ」が付いて、人が丈夫でどんどん邁進するという意味の「健」という漢字が作られることになりますが、そのもとの意味です。

「命」は、「亼」「口」「卩（人）」が合わさって作られました。「亼」は集めることで、その対象は多くの「人」です。「卩」は、かしずいている人を表したものです。そして人々に、「口頭で」やるべきことを命令するのです。

つまり、三文字の意味を合わせて考えると、「倭建命」という名は「人々をまとめて調和させるために、神様からのお告げを受けて、堂々と進んで行くこと」を表しています。

「倭建命」と「日本武尊」はともに「勇敢な姿」を表す

「やまとたけるのみこと」には複数の漢字表記があり、『古事記』では「倭建命」、『日本書紀』では「日本武尊」と書かれています。

「倭建命」の「倭」が「日本」という国名を表していることは明らかでしょう。「武」は、武器をもって堂々と前進すること、がむしゃらにどんどん進むことを意味しますから「建」とほとんど同じ意味であると言っていいでしょう。また「尊」は、もともとは尊い姿をしている神様に捧げる酒器で、ここから尊敬を表す言葉として使われるようになった漢字です。すなわち、「倭建命」と「日本武尊」は漢字は違っても、ともに大和統一のために奔走した英雄の威厳と勇敢さに対する敬意を表現した名なのです。

ちなみに第十二代景行天皇の皇子として生まれた倭建命は、父から各地の部族を制圧するようにと命令を受けますが、この頃はまだ「小碓尊《おうすみこと》」と呼ばれていました。「小」さいけれど、「碓」(僅かに人より抜きんでたところがある)、尊い人という意味です。

ところが、九州南部にいた熊襲を、攻めて勝利してから「倭建命」と呼ばれるようになります。それは智力と武力の両方を合わせ持ってどんどん世の中をまとめていくからです。

しかし、やがてその智力と武力が、父親の訝るところとなってしまいます。なんと身長が二メートルもあって、知力と武力があるとなっては、父親も恐れる存在となったのは確かです。父親から東征の命を受けた時に、叔母である倭姫命《やまとひめのみこと》から与えられたのが草薙剣でした。そして倭建命はこの東征に当たって美夜受比売《みやずひめ》と結婚をします。さらに遠征で弟橘比売命《おとたちばなひめのみこと》と結ばれますが、海で遭難した時、弟橘比売命は自らの命を犠牲にして倭建命を救うのです。草薙剣は熱田神宮にご神体として祀られています。倭建命は最期、白鳥となって飛び去ったことから、その命日に合わせて、「酉の市」が開かれるようになりました。

祀られている神社

- 大鳥大社：大阪府堺市西区鳳北町1-1-2
- 大高山神社：宮城県柴田郡大河原町金ケ瀬台部2-1

開運・厄除けの神様

賀茂建角身命《かもたけつぬみのみこと》

物や言葉を贈ってお祝いする……賀

葉が生い茂るように栄える……茂

しっかりと丈夫である……建

突き出たものの先端部……角

自分で行うこと……身

お告げ、天からの使命……命

主なご利益

- 交通安全守護
- 世界平和
- 五穀豊穣
- 殖産興業
- 身体病難解除

恵みの雨をもたらす豊穣と平和の神様

『山城国風土記』によれば、神武天皇が日向から東征し、大和へ進む時に先導を務めた神様。この時、賀茂建角身命は、三本足のカラス、八咫烏《やたがらす》に変身したとされる。この後、現在の上賀茂神社のある京都市北区に移って伊可《いか》古夜日売《こやひめ》を娶り、神武天皇の母となる玉依姫をもうけた。

八咫烏に変身し、神武天皇を導いた賀茂の猛者

賀茂は「神《かみ》」の「み」の部分の発音が転じて「カモ」という族名になったと言われています。**「賀」**が言祝《ことほ》ぎを表し、**「茂」**がそれによってこの世の中が生い茂るように繁栄することを意味するのであれば「賀茂」はあて字ではあっても、「神」の祝福をうまく言い当てたものと言えるでしょう。

また**「建」**は、古代は「健康」の「健」と同じ意味で使われました。頑丈であること、しっかりと足を地に着けて立っていることを表す漢字です。

「角」は、突出した才能を持っていることや「道の曲がり角」などを表します。**「身」**が「自ら行うこと」、**「命」**が「天からの使命」を意味しますので、「身命」とは「天からのお告げを得て、それを自分で達成する」ということを意味する言葉となるでしょう。

「賀茂建角身命」とは「言祝ぎによってしっかりと丈夫に生い茂り、また天命を得てそれを自ら成し遂げる神様。また、その能力を持った神様」という意味になります。

祀られている神社

● 下鴨神社(賀茂御祖神社)：京都市左京区下鴨泉川町59
その他、全国の加茂神社

開運・厄除けの神様

神武天皇《じんむてんのう》

理性では
分からない
不思議な力……神

勇ましく
前進する歩み……武

天の神の命を
受けて、人間界を……天
治める者

偉大な王、
開祖を表す……皇

天の命を受けて日本を作った
第一代天皇

天皇家の先祖に当たる初代天皇。父は鵜葺草葺不合命《うがやふきあえずのみこと》、母は玉依姫。4人兄弟の末っ子で、四十五歳の時、日向から大和の地を目指して東征。難波で地方の士族たちと戦い、紀伊半島を迂回して大和に至り、畝傍橿原《うねびのかしはら》に皇居を構えた。長寿で、百三十七歳（百二十七歳）まで生きたといわれている。

主なご利益

・艱難克服
・開運
・国家安泰
・長寿

苦難を乗り越え、堂々と突き進んだ日本の開祖

「神」は、偉大で不思議な自然の力を意味します。**「武」**は、「戈」と「止」が合わさって作られています。「戈」は戦うための武器を表し、「止」は、もともとは人の足を表します。つまり、武器をもって堂々と前進する様子です。**「天」**は、もともとは頭上に広がる大空を表す漢字ですが、ここから「天の命を受けて人間界を治める者」＝「天子」を表すようになりました。**「皇」**は「白」と「王」が合わさってできた漢字です。「白」とありますが、もともとは「自」と書かれていました。「自」は「はじめ、開祖」を意味し、「皇」とは「王朝の開祖となった王様」のことなのです。

「天皇《てんこう》」という熟語は、中国の古典『史記』『旧唐書』などに見え、我が国の「天《てん》皇《のう》」という言葉も、これを典拠とするものです。六世紀ころまでは「大王《おおきみ》」と書かれていました。八世紀末の皇族・淡海三船《おうみのみふね》が、「天皇」の生前の功績に基づいて死後に贈られる名称を中国的なものにした「漢風《かんふう》諡号《しごう》」を適用してから「てんのう」という漢語読みに定着したと考えられています。

「神武天皇」とは、「人智では計り知れない祖先の神が、堂々と進んで行き、日本という国を創り開祖となった」という意味の名だったということが分かります。

祀られている神社

- 宮崎神宮：宮崎県宮崎市神宮2丁目4-1
- 橿原神宮：奈良県橿原市久米町934

天之御中主神《あめのみなかぬしのかみ》

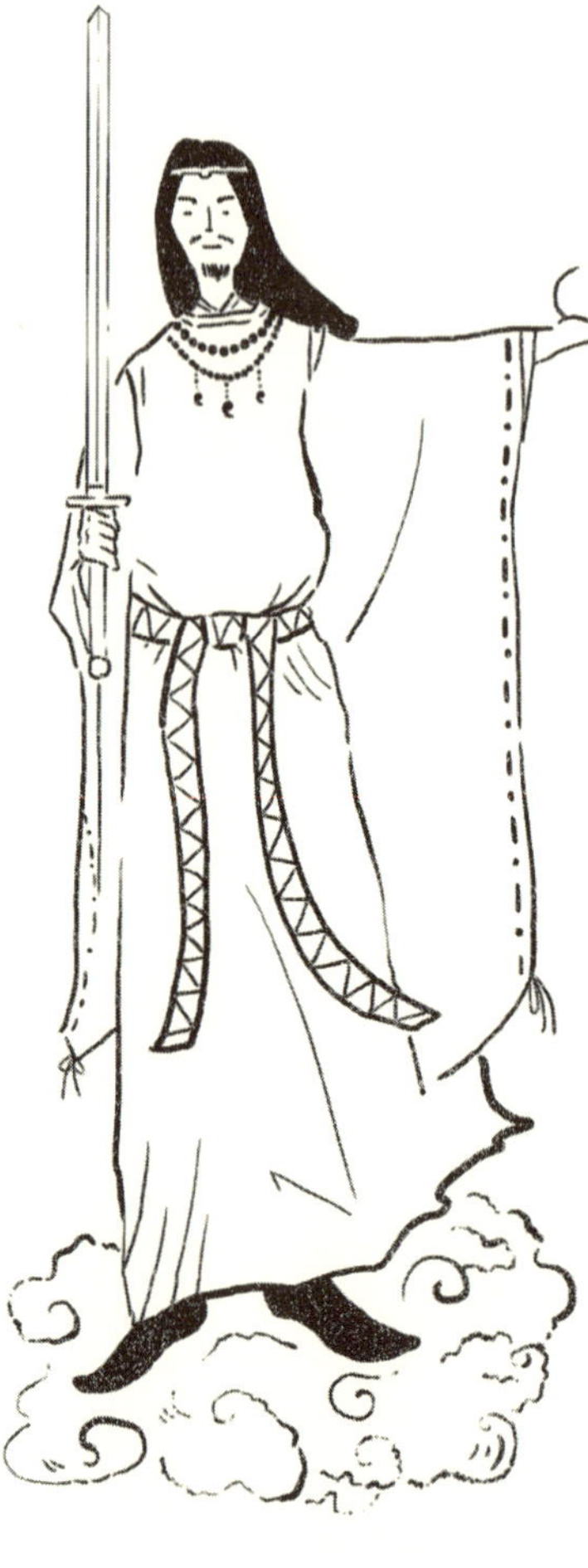

天の神の命を受けて、人間界を治める者……

近いものを指し示す……

治める、使いこなす、はべる、そばに仕える……

ものの真ん中、命中する……

ひと所にじっと止まって動かない者、霊魂が宿る印……

理性では分からない不思議な力……

天界の中心にあって宇宙の根源となった神様

世界の誕生と同時に高天原に生まれた「造化三神」の中心にいたとされる神。伊邪那岐命と伊邪那美命《いざなみのみこと》に天沼矛《あめのぬぼこ》を渡し、「これで国造りをするように」と命じた。天空にあって決して動かないということから北極星の化身であるともされる。光を地上に向かって放つことから開運招福をもたらす神として信仰を集める。

主なご利益

・開運招福
・厄除
・延命長寿
・戦勝祈願
・大願成就

地上に光を放ち、人々を温かく見守る

「天」は、人の頭上に大きく広がる天空です。その天の偉大さ、不可思議さをさらに強調していうのが**「之」**という言葉です。**「御」**は、「杵」と、それをついている人を表す「卩（人）」からできた漢字です。「杵をついて柔らかくする」ことがもともとの意味ですが、ここから「物事を平らかにしてなだめ、おさめる」という意味になりました。馬に乗ることを「御」と言いますが、これは暴れる馬をなだめて、思い通りのスピードで、正しい方向に行かせることなのです。**「中」**は、この漢字を反時計回りに九十度回して考えてみましょう。的の真ん中に刺さった矢の形に見えませんか？　ここから「中《あた》る」、「真ん中」という意味になりました。**「主」**は、ロウソクを表す「王」に、炎を表す「、」をつけてできた漢字です。炎は、ロウソクから決して離れず、じっと同じ場所で燃え続けます。ここから、ひと所に止まって動かず、人々のために灯りを注ぐ中心という意味になります。**「神」**は、祖先の神、不思議な力を持った自然の力を意味します。

すなわち「天之御中主神」とは、「天空の中心を治め、人々のために灯りを灯し続けるためにずっと動かず存在している力を持ったもの」という意味の神様です。

祀られている神社

- 東京大神宮：東京都千代田区富士見2-4-1
- 秩父神社：埼玉県秩父市番場町1-3

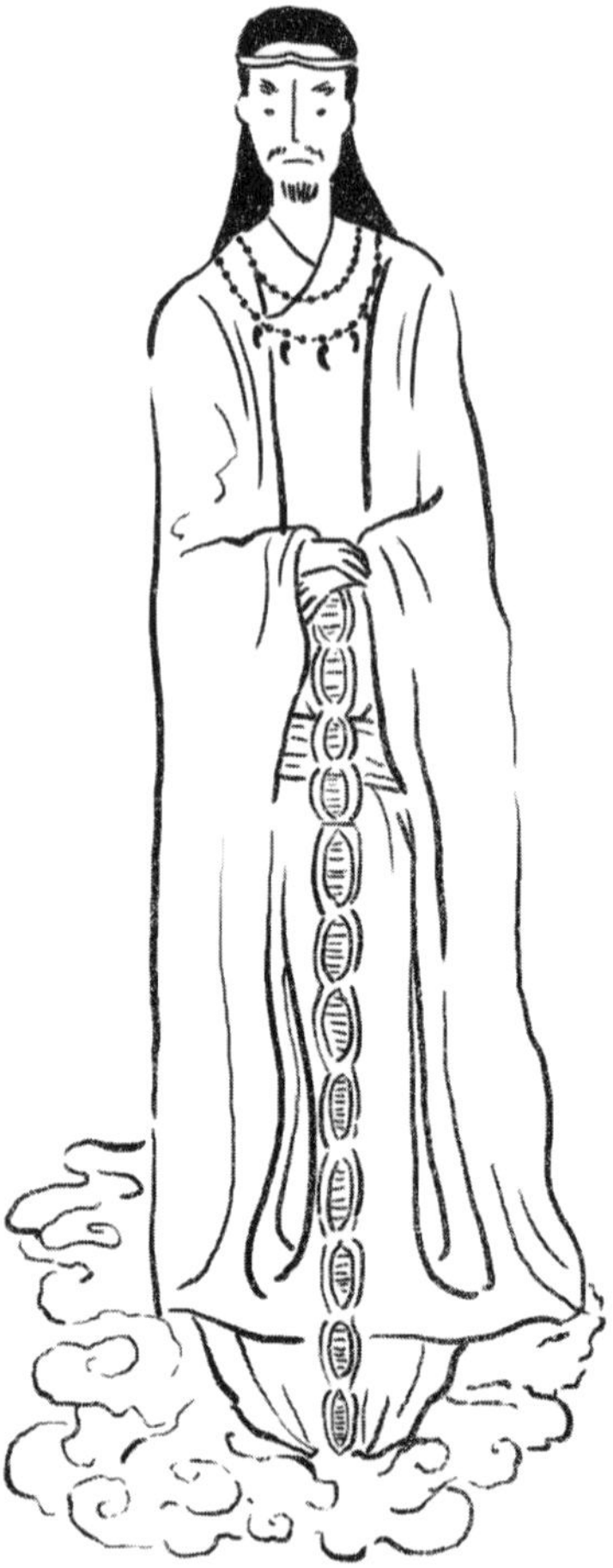

開運・厄除けの神様

国之常立神《くにのとこたちのかみ》

様々な仕組みによって守られた領域……（国）

近いものを指し示す……（之）

いつまでも長く続いて変わらないもの……（常）

しっかりと両足を地につけて立つ……（立）

理性では分からない不思議な力……（神）

天地創生神話で
6番目に誕生した国土の神様

天地創造の際に出現したと言われる「神世七代《かみのよななよ》」の第一の神。天上世界を神格化した「天之常立神《あめのとこたちのかみ》」と対照的に、大地を神格化した神様で、あらゆる生命の誕生と生育に寄り添うと言われているが、『古事記』では誕生してまもなく身を隠してしまったとされ、陰から人々を救う神様として描かれている。

主なご利益

- 開運招福
- 国家安穏
- 健康長寿
- 立身出世
- 五穀豊穣

地上の幸せがいつまでも続くよう優しく見守る

「国」は旧字体では「國」と書かれました。「口」の中に「或」という字が書かれています。「口」は、東西南北の四方を囲んでいること。そして「或」は、武器である「戈」の中に、また領土を表す「口」を置いて、守るように書かれています。「國」とは、武器だけではなく様々な仕組みによって守られる境界のことなのです。

「常」は「尚」に「巾」が合わさってできた漢字です。また「尚」は、「窓」を表す「向」に数字の「八」が逆さについてできています。「八」は末広がりを意味しますが、窓から高く上がって大きく広がる煙を表すもので、ここから「高いこと」「尊ぶほどに高く大きなこと」を意味するようになりました。また「巾」は、布の幅が広くて長いことを表し、「尚」に「巾」がついた「常」は、素晴らしいことが長くいつまでも続くことを意味します。**「立」**は、「丶」が人の頭で、両手を地面に水平に開き、両足を大きく広げて、大地にしっかりと立っている様子を表した漢字です。

さらに**「神」**は、人智を超えた自然の力です。

「国之常立神」とは、「様々な力で守られた境界の地域が、素晴らしい状態でいつまでも続くように見守っている人智を超えた力を持つ神様」なのです。

祀られている神社

- 日枝神社：東京都千代田区永田町2-10-5
- 玉置神社：奈良県吉野郡十津川村玉置川1

開運・厄除けの神様

猿田毘古神《さるたびこのかみ》

手足が長く、
木の枝を
引っ張っていく
動物 ……猿

大きな頭の
不可思議な
生きもの ……田

そばについて
輔佐する ……毘

髪飾りを
つけた頭、
特徴的な頭 ……古

理性では
分からない
不思議な力 ……神

邇邇芸命《ににぎのみこと》を高千穂まで案内して、伊勢に降り立った神様

天孫（天照大神の孫）である邇邇芸命が三種の神器を携えて地上に降臨する際に、その一行を案内したと言われる神様。もともと伊勢国の国津神（土着の神様）で、天孫降臨の案内役を務めたことから、旅の安全を守る神様として民間信仰の道祖神（集落の境や街道の辻の石に刻まれ、祀られた神様）と習合した。

主なご利益

・開運招福
・厄除
・交通安全
・無病息災
・夫婦円満

人智を超えた事態を引き起こす長い手足と大きな頭

「猿」という漢字は、もともとは「猨」と書かれていました。「袁」と「猨」の右側の部分の発音が同じだったために「猿」と「猨」はどちらで書いてもいいことになってしまったのです。さらに「袁」と「猨」の右側の部分は、「長く遠くまで伸びる」ということを意味する漢字です。「犭」（けものへん）がついているので、動物で、長く手足を伸ばしているものということで「サル」を表す漢字に使われるようになりました。**「田」**は、「田んぼ」を表す漢字でもありますが、他に「大きな頭」という意味もあります。たとえば昔話で語られる「ダイダラボッチ」ですが、「田」が、人の目では見ることができないほどの大きな頭を表し、そうした存在が、長い手足を使って、人智では計り知れないことをするので「畏敬の念を持つ」という意味で「畏《おそ》れ」という漢字ができました。「猿田」の「田」も、田んぼの「田」ではなく、ダイダラボッチのような大きな頭を持った存在と考えていいでしょう。

邇邇芸命も畏れた圧倒的な存在感

「毘」の上部にある「田」も「猿田」の「田」にあるのと同じく、大きな頭を持つ者を指しますが、とくに「畏敬」の念を感じる存在を表します。下の「比」は「ならぶ」と読んで、そうした存在にならび仕えて輔佐することを意味します。

これは天照大神の孫であり、初代天皇・神武天皇の曽祖父にあたる邇邇芸命（106ページ）が、天照大神（18ページ）から葦原中津国《なかつくに》（高天原と黄泉の国の間にある世界。日本のことを指す）を治める命を授かった際、猿田毘古神が地上までの案内役を務めたことと関係しているのでしょう。ただ、初めから案内役をするためにいたのではありません。じつは邇邇芸命にとって猿田毘古神は、畏敬の念を持つほど威圧感のある神様でした。しかし、邇邇芸命につき従っていた天宇受売命《あめのうずめのみこと》（172ページ）に胸と陰部を見せられて動揺した猿田毘古神は、邇邇芸命の側について、高千穂まで案内する役目をすることになったのでした。猿田毘古神は、天宇受売命と結ばれ、伊勢に住むことになります。邇邇芸命の案内役であったということから方位除けの神様、また開運の神様として知られています。

天狗のモデルになった特徴的な頭部？

「古」は、「十」と「口」で作られていますが、「口」が頭、「十」は、頭の飾りや、頭部に人とは異なる特徴があることを表します。頭が大きく、長い鼻をしていたと言われる猿田毘古神は天狗のモデルであるとも言われています。**「神」**の右側、「申」は、稲妻が伸びる形を描いた象形文字です。左側の「示」は、祖先の霊を祀る祭壇を意味し、稲妻のように不可知な自然の力や不思議な力を持つもの、さらに目に見えない心の働きなどを表します。

ここまでの名前に使われている漢字を総合して考えると、「猿田毘古神」とは「長い手足を自在に使うことができ、畏敬の念を持って仕えるべき特徴的な頭部を持った神様」ということになるでしょう。

道の境界にいて、災いと疫病から集落を守る

猿田毘古はもともと伊勢の土着の神で、伊勢神宮に仕える海人《あま》系民族の宇治土公氏《うじつちぎみ》が信仰していた太陽神だったとされます。また、猿田毘古は邇邇芸命を天の八衢《はちまた》（高天原から中津国に下る途中にあるとされる数多くの道が分かれる場所）で待っていたとされ、道の境界を守る神様とされます。道を往来する悪霊を祓い、村の境界を守る猿田毘古は、道祖神とも結びつけられています。

祀られている神社

● 椿大神社：三重県鈴鹿市山本町1871
● 猿田彦神社：三重県伊勢市宇治浦田2-1-10

開運・厄除けの神様

事代主神《ことしろぬしのかみ》

そばにいて雑用をする、問題を処理する……事

入れ代わること……代

ひと所にじっと止まって動かない者、霊魂が宿る印……主

理性では分からない不思議な力……神

託宣を司る
釣りが大好きな出雲の神様

大地の支配者である父・大国主命《おおくにぬしのみこと》が国譲りをする際に、最も信頼し、神託による助言を求めた神様。事代主神は、国譲りを行った後、まじないを使って姿を消し、高天原に帰順した。民間信仰では七福神の恵比寿神のモデルになったという説もある。

主なご利益

・福徳
・商売繁盛
・五穀豊穣
・海上安全
・漁業守護

物事の処理に長けた、国譲りの仲介役

「事」は、もともと役人が筆を執ることを意味する漢字です。これが後に、問題を処理すること、人に仕えて事務をやることなどという意味で使われるようになりました。**「代」**は、「杭（杙《くい》）」を表し、同じ形のものが並べられるように、「人」が並んで行くことを意味します。「代替わり」というのは「親子」など、よく似ている人が家督を相続していくことです。事代主神の父親は、出雲国を作った大国主命（72ページ）です。ある時、出雲の伊耶佐小浜《いざさのおはま》に降臨した事代主の兄弟・建御雷之男神《たけみかづちのおのかみ》（166ページ）が、大国主命に向かって国譲りを求めます。これに対して、大国主命は、岬で釣りをしている事代主神を呼び、全権を委ねて処理をまかせました。

また三文字目の**「主」**は天之御中主神（28ページ）の解説でも前述したように、ロウソクとその炎を描いたもの。同じ所にじっと止まって動かない様、また炎は霊魂が宿るイメージを表しています。そして、**「神」**は自然が持つ人智を超えた偉大な力です。

すなわち「事代主神」とは、「人に代わって、いろんなことを処理しつつ、何事にも動じない力を持った神様」という意味になります。

祀られている神社

- 美保神社：島根県松江市美保関町美保関608
- 三嶋大社：静岡県三島市大宮町2-1-5

開運・厄除けの神様

月読命

つくよみのみこと

お月様……月

読み上げる、区切る……読

お告げ、天からの使命……命

伊邪那岐命の右目から生まれた夜の神様

『古事記』と『日本書紀』で、黄泉の国から帰ってきた伊邪那岐命が、穢れを払うための禊をしたときに生まれたとされる神様。初めに左目を洗い、生まれたのが姉の天照大神。次に右目を洗い、誕生したのが月読命である。弟は同じく伊邪那岐命の鼻から生まれた須佐之男命であり、この三姉弟を合わせて三貴子と呼ぶ。

主なご利益

- 心願成就
- 五穀豊穣
- 家内安全
- 雨乞い祈願
- 大漁祈願

昼と夜が分かれたのは天照大神と月読命の姉弟喧嘩のせい

「月」は、お月様を指していることを描いた指示文字です。**「読」**は、旧字体では「讀」と書きます。右側の「賣」は「売」の旧字体で、もともとは客の目を引き止めて売ることを意味しました。言偏がついた「讀」は元来、声を出しているのを、区切ることです。ちょうど数を数える時も声を出し、止めて区切ることの繰り返しです。「月読」とは、毎夜変化していく月の満ち欠けを数えることであり、カレンダーのない時代では、季節を読むことを意味します。明治時代初めまでの農民は月を読むことで種まきや収穫の季節を判断していたため、「月読命」は農業を司る神様とされていました。十五夜の行事で月に穀物を供える習わしもここから来ています。

また、月読命について『日本書紀』にこんなお話があります。ある日、伊邪那岐命（１３０ページ）は下界にいる保食神《うけもちのかみ》と会って来るようにと、月読命に命令します。月読命が保食神に会うと、保食神は口から食べ物を出して、食事をもてなそうとするので、月読命は、これを汚らわしいと、保食神を刺し殺してしまうのです。姉の天照大神（18ページ）は、弟のこの行為に対して「汝、悪しき神なり」と怒り、「もう二度と御前とは会わない」と宣言します。これが昼と夜が別れた理由だと言われます。

祀られている神社

- 月山神社：山形県西村山郡河北町谷地己807
- 伊勢神宮（外宮・月夜見宮）：三重県伊勢市宮後1-3-19

開運・厄除けの神様

火之迦具土神《ひのかぐつちのかみ》

炎、焼くこと ……

近いものを指し示す ……

行き交うこと ……

そなわる ……

つち、くに、ところ ……

理性では分からない不思議な力 ……

主なご利益

・火難除け
・防火、鎮火
・窯業発展祈願
・貴金属財宝守護
・郷土守護

父親である伊邪那岐命に殺され八柱の神を生んだ火の神様

伊邪那岐命と伊邪那美命の間に最後に生まれた神様。火の神様を生んだ伊邪那美命は、陰部を火傷してやがて命を落としてしまう。最愛の妻・伊邪那美命を殺されたという怒りで、伊邪那岐命は、火之迦具土神を斬り殺すと、その血から八柱の神様が生まれた。その中の一柱が雷の神様として知られる建御雷之男神である。

火之迦具土神の誕生が神話の大きな転換点となった

「火」は、ものを焼くこと、その炎の形を描いた象形文字です。**「迦」**は、サンスクリット語の「ka」を表すために作られた漢字ですが、「解脱して彼岸と此岸を行き交うことを意味します。**「具」**は、「鼎《かなえ》」と「両手」を表す漢字が組み合わさってできたものです。鼎は、神様に食事を出すための祭器で、丁寧に両手を添えて神様に献上していることを意味します。ただし、「迦具（かぐ）」は、「光輝く」を意味する和語を万葉仮名であてたものです。**「土」**は、文字通り、土や粘土を表しますが、さらに場所や領地などを意味します。**「神」**は偉大な自然の力です。

つまり「火之迦具土神」の名は「ものを焼く光輝く力で彼岸と此岸との境界を往き来する力を持った神様」と言えるのではないでしょうか。

また、火之迦具土神の出産は、神々の持つ恩恵が初めて「死」をもたらしたという、それまでになかったストーリーであり、伊邪那美命（130ページ）の死をきっかけに黄泉の国が登場し、人間の「死」の始まりが描かれます。また、伊邪那岐命（130ページ）が火之迦具土神を殺してしまったシーンは人間が火を制し、利用するようになったことを表しているという説があります。

祀られている神社

- 秋葉山本宮秋葉神社：静岡県浜松市天竜区春野町領家841
- 若宮愛宕神社：東京都日野市高幡352

開運・厄除けの神様

鳥之石楠船神《とりのいわくすふねのかみ》

空を飛ぶ大鳥……鳥

近いものを指し示す……之

崖の下に転がっているもの……石

樟脳《しょうのう》が取れる育ちのいい木……楠

海路を切り拓いて進む乗り物……船

理性では分からない不思議な力……神

主なご利益
- 交通安全
- 航海安全
- 旅行安全
- 水運守護

建御雷之男神が降臨した時に利用した船を神格化

伊邪那岐命と伊邪那美命の神産みによって生まれた神様。『古事記』では天鳥船《あめのとりふね》、『日本書紀』では天鴿船《あまのはとふね》などの別名がある。天照大神が、大国主命が造り上げた葦原中津国を譲るよう説得するために、大国主命のもとへ建御雷之男神を遣わした際、建御雷之男神が使った乗り物。

鳥のように素早く、石のように丈夫な船の神様

「鳥」は、大きな羽を持った鳥を描いた象形文字です。**「石」**の「厂」は、「崖」を表します。そこからコロコロと転がっている石を表したのが「口」です。**「楠」**は、いい香りのする、温暖地ですくすくと育つ木です。**「船」**の右側は、古くは「公」と書かれていました。これは下の「ム」は「△」で、船の舳先を表し、「ハ」の部分が、船が先に進んで行く時に見える水上の波紋を書いたものです。

つまり「鳥之石楠船神」とは、石のように丈夫な楠で作られた、鳥のように素早く、水の上に波紋を描きながら走る船をイメージさせる名前と言えるでしょう。『古事記』では、建御雷之男神（166ページ）が高天原から降臨して来る時に利用した船として描かれていますが、『日本書紀』には鳥之石楠船神自身が、使者として地上に降臨したことになっています。また、邇邇芸命が天孫降臨時に使った乗り物は「天磐船《あめのいわふね》」と呼ばれますが、これは鳥之石楠船神と同じものという説もあります。

現代ではとくに飛行機の神様として祀られますが、古くは交通安全の神様として知られていました。

祀られている神社

- 神崎神社：千葉県香取郡神崎町神崎本宿1944
- 隅田川神社：東京都墨田区堤通2丁目17-1

開運・厄除けの神様

久久能智神《くくのちのかみ》

植物、木のこと（久久）

ものごとをなし終えることができる力（能）

矢のようにズバリ、言い当てること（智）

理性では分からない不思議な力（神）

あらゆる樹木を司り
家を守ってくれる神様

伊邪那岐命と伊邪那美命の間に十一番目に生まれた神。『日本書紀』には、次のように記載がある。「伊邪那岐命と伊邪那美命は、次に海を生んだ。次に川を生んだ。次に山を生んだ。次に、木の祖先となる句句迺馳（久久能智）を生んだ。次に草の祖先となる草野姫《かやのひめ》を生んだ」。豊宇《とよう》気《け》毘《び》売神《めのかみ》とともに家屋を守る屋《や》船神《ぶねがみ》と称される。

主なご利益

- 厄除け
- 国土開発
- 山林業守護

神様たちが依り代とする木々を誰よりもよく知り、見守る

「久」は、クネクネと曲がって長く続く道や河を描いたものですが、「久久」は「木々」という言葉の古代の発音をそのまま書いたもので、植物である「木」のことを言います。また「茎」を表すのではないかとも言われますが、いずれにせよ、植物のことを言ったものであることは明らかです。**「能」**は、「能力」「可能」などの熟語でよく使われる漢字ですが、「ものごとをなし終えることができる力」という意味があります。粘り強く、力に耐えて働くことを、そもそも表した漢字です。ただ、ここでは主格あるいは所有を表す「の」を意味します。**「智」**は、「矢」と「口」と「日」からできた漢字です。「知」に「日」がついていますが、「知」は、矢がまっすぐ的の真ん中に当たるように、口で正しいことが言えることです。これに「日」がついて、さらに「明らかに、口で正しいことが言える」ということを表します。

すなわち「久久能智神」とは、「木々のことをとてもよく知っている神様」ということになるでしょう。

木は、我々の生活にはなくてはならないものです。また神社に行くと、神の依り代として巨木や榊などもあります。こうした木々の神様が久久能智神なのです。

祀られている神社

- 公智神社：兵庫県西宮市山口町下山口3-14-30
- 樽前山神社：北海道苫小牧市高丘6-49

第二章

縁結び・子宝の神様

神様たちのお話を描いた
『古事記』や『日本書紀』には、
美しい出会いや恋を描いた神話や
力強い愛の力で壮絶な運命を乗り越える物語など、
たくさんの縁にまつわる神様の姿が描かれています。
そんな神様たちの名前にもまた、
人々の切なる願いと愛情が込められているのです。

縁結び・子宝の神様

木花佐久夜毘売命《このはなのさくやびめのみこと》

立ち木の姿を
そのまま描いた……
象形文字

蕾が一瞬で
開花し、……
形を変える

右手を添えて
左手を支える、……
輔佐する

クネクネと
曲がった……
長い道のり

昼を挟んで
その中にある……
時間

頭が特徴的、
人と並んで……
いる

自分が持ってい
るものと交換……
して、価値ある
ものを得る

お告げ、
天からの使命……

燃える産屋で出産し
身の潔白を証明した邇邇芸命の妻

伊邪那岐命と伊邪那美命の子である大山津見神《おおやまつみのかみ》の娘。天照大神の孫・邇邇芸命は、降臨する際、木花佐久夜毘売命と出会い求婚。しかし一夜の交わりで身籠ったことを疑った邇邇芸命に怒り、「神の子ならば無事に産まれるはず」と燃えさかる産屋で三柱の子を産んだ。

主なご利益

- 安産
- 子育て
- 酒造
- 五穀豊穣
- 火難除け

蕾が花開く瞬間のように美しい美貌の女神

「木花」は、立ち木に咲いた花です。「花」には「化」という漢字が見えますが、これは蕾が一瞬にして開花して姿を変化させることを意味します。ある機会があると、急に形が変わってしまうのです。**「佐」**は「右手」と「左手」を組み合わせて作られた漢字です。これは、左手が工具などを持って仕事をするのに、右手が輔佐をしているということを表します。互いが助けあって仕事をすることを意味します。また**「久」**は、クネクネと曲がって長く続く道や河を描いたものですが「佐久」が、「咲く」と掛詞になっていることは明らかでしょう。**「夜」**は、人の両腋を描いたものがもともとの漢字ですが、これにたそがれを表す「夕」を加えて、太陽の出ている昼間に挟まれた時間、つまり「夜」を表したものです。しかし、この「夜」も「木の花が咲くや」という優しさと感動を籠めた助詞「や」と掛詞になっています。「木花佐久夜毘売命」とは、「木の花が蕾から一気にとても美しく咲いて、長い間人を助けるように日々自分が持っている力を十分に出し切り、天の使命に応えている神様」ということになるでしょう。

祀られている神社

- 富士山本宮浅間大社：静岡県富士宮市宮町1-1
- 箱根神社：神奈川県足柄下郡箱根町元箱根80-1

縁結び・子宝の神様

菊理媛神《くくりひめのかみ》

- 菊 …… 秋の日の精
- 理 …… ととのえる、おさめる
- 媛 …… 美しい女性
- 神 …… 理性では分からない不思議な力

主なご利益

- 縁結び
- 夫婦和合
- 五穀豊穣
- 安産
- 商談成立

神仏習合では「白山大権現」とも呼ばれる白山信仰の祭神

日本の三大霊山の一つ白山の修験道の拠点となる白山比咩《ひめ》神社（紀元前91年に崇神天皇が創建）の主祭神。『日本書紀』に引用される「一書《あるふみ》」にわずかしか登場しないが、伊邪那岐命と伊邪那美命の喧嘩を仲裁したとして知られ、和合の神、縁結びの神として絶大な人気を誇る。

黄泉の国で、伊邪那岐命と伊邪那美命の間を取り持った女神

「菊」は、秋に花を咲かせる植物で、長寿に薬効がある花とされます。古く中国では九月九日の重陽の節句の時に菊酒が飲まれたりしました。**「理」**は、もともとは「宝石の筋目」を表しますが、ここから物事を整えること、物事を筋道を立てて考えることなどの意味になりました。**「媛」**は、「人々が遠慮するくらい美しい女性のこと」を言います。また、「菊理」はあて字で、和語の「くくり」の音をあてて書いたものです。「くくり」は「括り」で、もめ事をまとめておさめることをいいます。

伊邪那美命（130ページ）が黄泉の国に行き、それを迎えにいった伊邪那岐命（130ページ）は、伊邪那美命の身体が腐りウジが湧いているのを見て逃げますが、黄津平坂で追いつかれ、口論になります。ここに菊理媛神が現れて、何かを伊邪那岐命に告げると、伊邪那岐命はそれを聞いてその場を去り、地上側の出口を千引《ちび》きの岩と言われる大岩で塞ぎ、伊邪那美命と完全に離縁しました。

菊理媛神が黄津平坂で、何を言ったかは分かりませんが、伊邪那岐命と伊邪那美命の間のもめ事をうまく解決したことは明らかでしょう。ここから、菊理媛神は、穢れを払う神様、もめ事を解決してくれる神様ともされているのです。

祀られている神社

- 白山比咩神社：石川県白山市三宮町ニ105-1
- 長滝白山神社：岐阜県郡上市白鳥町長滝138

縁結び・子宝の神様

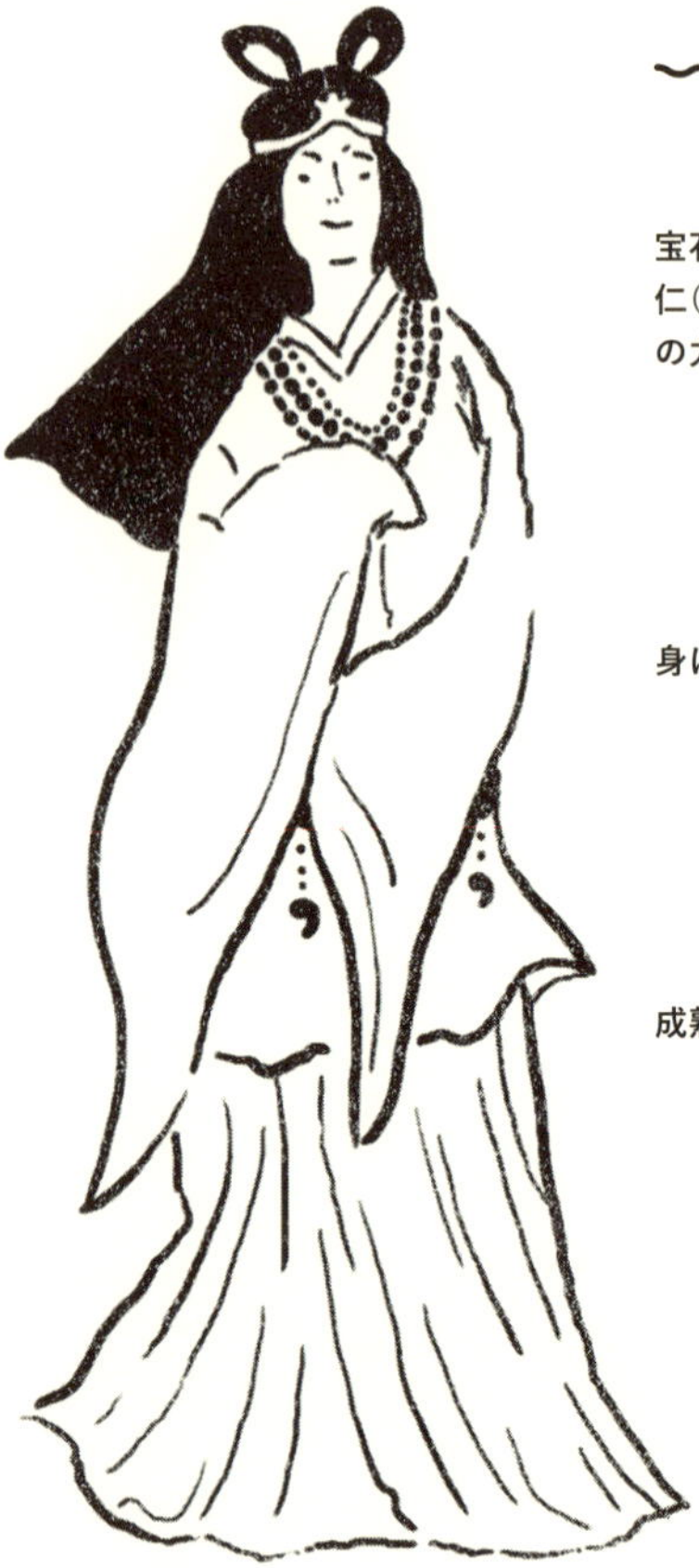

玉依姫《たまよりひめ》

宝石、仁（他人への愛）の力……玉

身に受けて保つ……依

成熟した女性……姫

神武天皇を生み安産を司る皇室の母神

山幸彦と結ばれた豊玉媛の妹であり、綿津見神《わたつみのかみ》の娘。豊玉媛の息子である鵜葺草葺不合命の養育を託され、育て上げた後に結婚し、初代天皇となる神倭伊波礼毘古命《かむやまといわれびこのみこと》を生む。「玉依姫」とは「神霊が依りつく姫」という意味でもあることから、数多くの神話や伝承に同名の女性が登場するが、神武天皇の母神とは別の神様である。

主なご利益

- 安産守護
- 豊作豊漁
- 殖産興業
- 商売繁盛
- 悪病、災難除け

深い愛情で姉の子どもを大切に育てた女神

「玉」は、もともとはしっとりした潤いのある光を放つ宝石ですが、他人への愛を十分に持つ「仁の力」を持つ人格のことも言うようになりました。**「依」**は、人が着た衣を書いた漢字で、ここから「自分の身につけて、しっかり大事にする」ということを意味します。**「姫」**は、成熟した女性を描いた象形文字です。

ここから「玉依姫」とは、「他人への愛をもって、しっかり大事にすることができる成熟した女性の神様」という意味になるでしょう。

海神宮に釣り針を探しに行った山幸彦は、綿津見神の娘である豊玉媛と結ばれます。豊玉媛が懐妊し、出産にあたって「私が子どもを産むときは、絶対に見ないで下さい」と言うのですが、山幸彦がこれを覗くと、豊玉媛の本当の姿はサメなのでした。出産を見られた豊玉媛は、子を海辺に捨て、陸から海への道を閉ざして去ってしまいます。この子どもが鵜葺草葺不合命（58ページ）です。さすがに豊玉媛も、子どもを不憫に思い、妹の玉依姫を鵜葺草葺不合命に送り、世話をさせました。やがて成人した鵜葺草葺不合命と玉依姫は、育ての親子以上の関係になり、結婚して神武天皇（26ページ）となる神倭伊波礼毘古命を生むことになります。

祀られている神社

- 賀茂御祖神社：京都府京都市左京区下鴨泉川町59
- 吉野水分神社：奈良県吉野郡吉野町吉野山1612

縁結び・子宝の神様

高御産巣日神《たかみむすびのかみ》

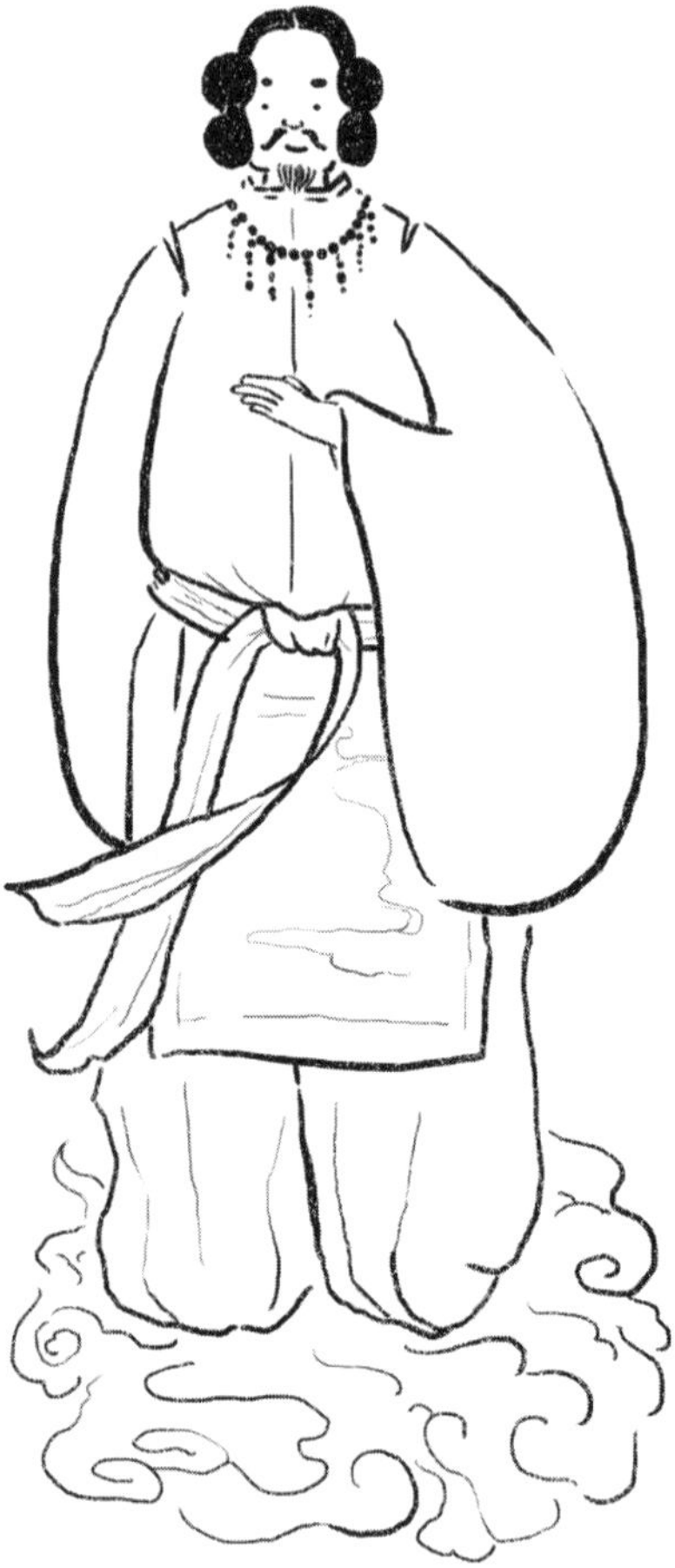

高い場所、崇高であること……高

治める、使いこなす、はべる、そばに仕える……御

素晴らしい文化がどんどん生まれて来る……産

木の上に構えた鳥の巣……巣

太陽が出ている間の時間、また日々のこと……日

理性では分からない不思議な力……神

世界の始まりとともに出現した「造化三神」の一柱

高御産巣日神は、「天之御中主神」「神産巣日神」と並んで「造化三神」と呼ばれる神様です。日本語で読む「たかみむすびのかみ」の「むす」は、「産」を「産《む》す」と読むことから「繁殖すること」を意味すると言われます。また「ひ」は、「魂」や「霊」で「神霊」を表すとされます。

主なご利益

- 縁結び
- 諸願成就
- 開運招福
- 厄除け
- 五穀豊穣

物事を「産み出す」ことを象徴する神様

「高」という字の異体字に「髙」がありますが、これは屋根があり階段か梯子のようなもので上る高い建物を意味します。また、こうした高い建物に住むのは身分の高い人であることから、「崇高である」という意味が派生しました。**「御」**は、「午」と、それをついている人を表す「卩（人）」からできた漢字です。「杵をついて柔らかくする」から「物事を平らかにしてなだめ、おさめる」という意味になりました。**「産」**は、旧字体では「產」と書かれていました。「產」の上半分の「文」は「他と区別ができるくっきりとした文模様」を表します。この文模様こそが「文化」を表します。そして「生」は「土」から若芽が吹き出すこと。したがって「産」は素晴らしい文化がどんどん生まれて来る様子を示しているのです。**「巣」**は、下の「木」の上にモサモサとしたものがついている鳥の巣を描いた象形文字です。ここから「住んで、子孫をたくさん作る」という意味も持ちます。**「日」**は、太陽です。また毎日太陽が上がることから「日々」や「一日」も意味します。

「高御産巣日神」とは、「高いところにある崇高で、この世の中を治め、日々文化や子孫をどんどん生み出している神様」ということになるでしょう。

祀られている神社

- 東京大神宮：東京都千代田区富士見2-4-1
- 安達太良神社：福島県本宮市本宮舘ノ越232

縁結び・子宝の神様

櫛名田比売命《くしなだひめのみこと》

きちんと揃った竹製の櫛で髪の毛をすきとかす……

自分が誰かはっきりさせること……

頭が大きい、あるいは頭に目立つものがある……

ならんでいる……

自分が持っているものと交換して、価値あるものを得る……

お告げ、天からの使命……

主なご利益

・縁結び
・夫婦和合
・五穀豊穣

須佐之男命の妻になった絶世の女神

出雲の斐伊川にいた足名椎神《あしなずちのかみ》とその妻・手名椎神《てなずちのかみ》という老夫婦の第八女として生まれる。八岐大蛇《やまたのおろち》に生贄として捧げられるはずだったが、嫁に行くことを条件に須佐之男命に助けられる。八岐大蛇を退治した後2人は結婚し、出雲で仲良く暮らした。

きれいに整った竹の節を思わせる美しきヒロイン

「櫛」は、髪をとかすための道具です。「節」という字が右側についていますが、これはきちんと揃った竹の節のようにきれいに長さが揃っていることを表しています。**「名」**は、「夕」と「口」が組み合わさってできています。「夕」は、薄暗い夕方、たそがれて向こう側にいる人が誰なのか分からない時のことです。そんなときに「口」に出して、自分が誰かをはっきりと告げることを「名」と言います。「はっきりわからないものをわからせる」のが「名」なのです。**「田」**は、頭部に目立った特徴があるということを言うものでしょう。**「比」**は「ならぶ」と読みます。一人でいるのではなく、ともに誰かといることです。**「売」**は、ものの「売り買い」をいう時に使い、何かの代償として、あるいは自分が持っているものを与えて、その代わりに何かを得るということを表しますが、「比売」と合わせ書いて「姫」という女性の敬称を表してもいます。**「命」**は「天からの使命」を意味します。

「櫛名田比売命」とは「頭に櫛を挿《さ》すことで、その人の特徴がはっきりわかり、自分が持っているものを人に与えることで、他の人とともにいて、天の命令を受けることができる人、あるいはそういう女性」ということになるでしょう。

祀られている神社

- 櫛田神社：富山県射水市串田6841
- 鎮守氷川神社：埼玉県川口市青木5-18-48

縁結び・子宝の神様

鵜葺草葺不合命《うがやふきあえずのみこと》

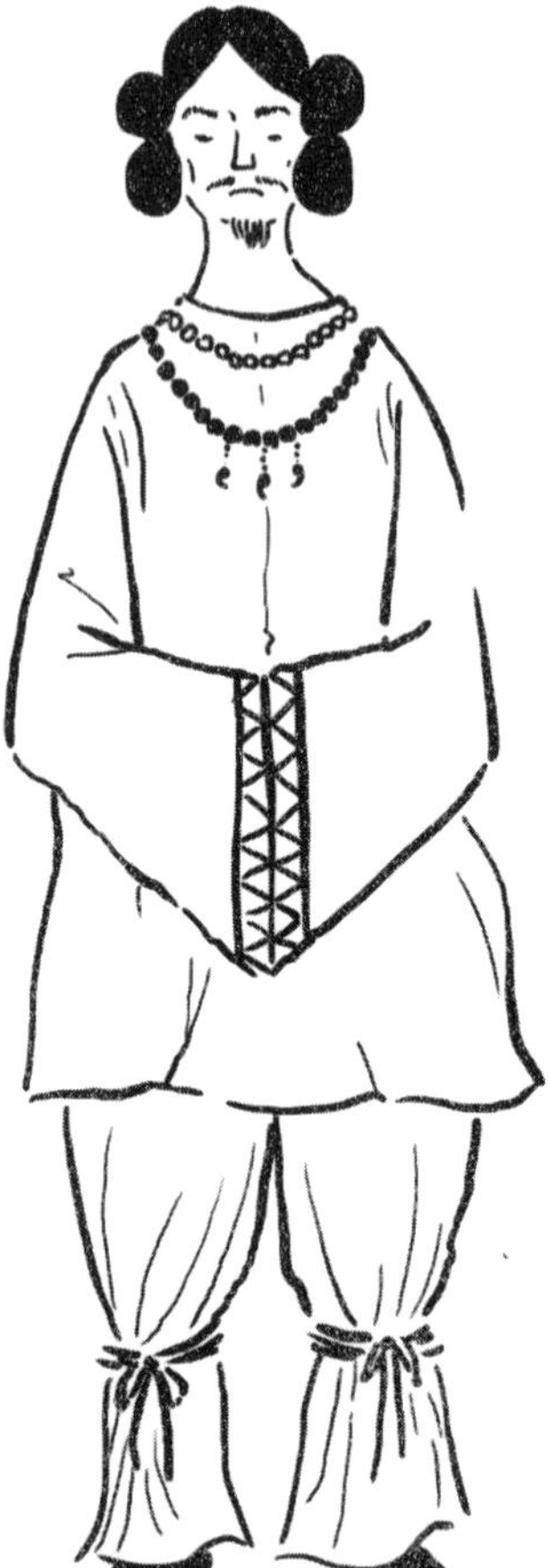

鵜……巧みに魚を獲って吐き出す水鳥

葺……萱草《かんぞう》などを寄せ集めること

草……どこにでも生えている雑草

葺……萱草などを寄せ集めること

不合……うまく適合しない、間に合わない

命……お告げ、天からの使命

サメから産まれた神武天皇の父神

彦火火出見命《ひこほほでみのみこと》と豊玉媛の間に産まれた鵜葺草葺不合命。出産時、隠していたサメの姿を夫に見られてしまった豊玉媛は海へ帰り、妹の玉依姫を息子の世話役として送った。後に玉依姫は鵜葺草葺不合命と結婚し、天皇家の祖先とされる神武天皇が産まれた。

主なご利益

- 縁結び
- 安産
- 育児守護
- 五穀豊穣
- 海上安全

山の神と海の神の血をひく、繁栄の神様

「鵜」は、鵜飼いに使われる黒い水鳥です。漢字の意味は、「弟」が「背が低いこと」また「弟」の「弓」の部分が「首がグネグネとしていること」を表し、それと「鳥」を合わせて、「鵜」を言うようになりました。また鵜は、魚を獲って子どものために吐き出すのが得意な鳥です。魚は世界中で「子孫繁栄」を象徴するものであることから、それを獲って吐き出す鵜は、さらに子孫が繁栄することを意味します。**「葺」**は、「材料を集めて穴を塞ぐ」ことを意味します。萱草などを集めて屋根を葺《ふ》くという場合にも使われます。**「草」**はどこにでもある雑草を表しますが、これも生命力が強いことを意味します。**「不合」**は、間に合わないこと、時間や場所が一致しないことを言います。**「命」**は、「天からの使命」を意味します。

我が国では古く、産屋は海と陸の間、つまり渚に作られました。常世は海の向こうにあり、人は亡くなると常世に戻り、再び生まれ変わって来ると考えられていました。

「鵜葺草葺不合命」とは、「渚の近くに産屋を建て、鵜の羽と草で屋根を葺こうとしたが間に合わないで生まれた神様」という意味です。

祀られている神社

- 宮崎神宮：宮崎県宮崎市神宮2-4-1
- 霧島神宮：鹿児島県霧島市霧島田口2608-5

縁結び・子宝の神様

生島神《いくしまのかみ》・足島神《たるしまのかみ》

- 生：若芽が出るように、どんどん生まれてくる……
- 島：渡り鳥が休む海にある山……
- 神：理性では分からない不思議な力……
- 足：押し縮めて、いっぱいに満たす……
- 島：渡り鳥が休む海にある山……
- 神：理性では分からない不思議な力……

主なご利益

生島神
- 五穀豊穣
- 子宝安産
- 無病息災

足島神
- 縁結び
- 必勝祈願
- 海運厄除

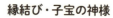

止まり木のように安らぎを与える穏やかな神様

「生」は、二つの象形文字が組み合わさってできた漢字です。合体してしまって今となってははっきり分からなくなってしまいましたが、下の部分に「土」があり、上部に双葉が出た若葉が書かれていました。**「島」**は、「鳥」という漢字とそっくりですね。じつは「鳥」に「山」を付けて「嶋」という漢字もありますが、これはどちらも渡り鳥が休むために降り立つ、海の中

国生み神話で生まれた
大八島に宿る二柱の兄弟神

国生みの神様である伊邪那岐命と伊邪那美命。二人は天沼矛で海をかき回して大八島を作ったが、生島神と足島神の両柱はその大八島に宿る神霊である。生島神は万物に生命力を与える神であり、足島神は万物に満足感を与える神だとされる。国の守護神であることから国家安寧を授ける神様としても知られている。

の「山」を表したものなのです。

「足」は、「口」と「止」が合わさってできました。「止」は踝《くるぶし》から足先までを表します。「口」は、膝の関節を表します。もともとは「脚」を意味するものでしたが、跳び上がるのに充分な力を溜めるという意味から「足りる」「十分である」ということを表すようになりました。

「生島神」は「どんどん若葉が出るように生み出す力を持って島を宿らせることができる島の神様」、「足島神」は「力が十分足りていて島を宿らせることができる島の神様」を意味するものでしょう。

長野県諏訪市に、この両柱の神を祀った生島足島神社がありますが、ここは怪力と豪胆で知られる建御名方神《たけみなかたのかみ》（182ページ）が諏訪に降臨された時、生島神・足島神に奉仕し粥を献上したところとして知られます。

歴代天皇即位の際に行われた八十島祭《やそしままつり》

生島神は別称として「生國魂神《いくにたまのかみ》」、足島神は同じく「咲國魂神《さきくにたまのかみ》」があります。

「國魂」とは土地の神様という意味です。「生」はすでに説明してありますが、「足」を別の漢字で言い換えたのが「咲」です。それは、大きな口を開けて笑うという意味と、花が満開になるということを意味する漢字です。つまり人が皆満足して笑顔になっているという願いを叶える神様なのです。

平安時代は天皇即位の大嘗会が行われた翌年に、必ずこの両柱を祀る「八十島祭」が行われました。この八十島祭が行われた場所は難波の浜辺で、それが現在の「生國魂神社」なのです。

祀られている神社

- 生島足島神社：長野県上田市下之郷中池西701
- 生國魂神社：大阪府大阪市天王寺区生玉町13-9

縁結び・子宝の神様

天棚機姫神《あまのたなばたひめのかみ》

人の頭上に大きく広がる天空 ……天

屋根のある廊下 ……棚

仕掛けのある機械 ……機

成熟した女性 ……姫

理性では分からない不思議な力 ……神

主なご利益

- 恋愛成就
- 心願成就
- 織物業守護
- 商売繁盛

天照大神を誘い出すために神衣を織った神様

『日本書紀』には登場せず、『古語拾遺』の天岩戸神話に現れる神。『古事記』には、天香具山で鹿の骨を焼いて神託を仰いだとも記されている。天八千千比売命《あまのやちちひめのみこと》や天衣織女命《あめのいおりめのみこと》などの別称があり、栲幡千千姫命《たくはたちぢひめのみこと》と同一神であるという説もある。さまざまな別称があり、謎の多い女神である。

機織りの神様は、七夕物語の織姫とも

「天」は、すでに記しましたが、天空のことを言います。**「棚」**は、もともとは、木で作られた梯子を言いました。それが後に屋根のある廊下を表すようになり、さらに、物を整理して置くシェルフの意味で使われるようになります。**「機」**は、仕掛けのある機械のことを指して言いましたが、とくに後世では機織りの機械を指すようになります。機織りと言えば、天棚機姫神は天照大神（18ページ）が天岩戸から出て来るように誘い出すために神衣和衣《かむみそにきたへ》を作りました。天香具山に植えた桑の葉で蚕を育て、その絹糸を丁寧に織って作ったのです。その名の通り輝く星が広がる夜空のもと、屋根の下で機織りをする女神の姿が思い浮かぶのではないでしょうか。

また、「棚機」は「たなばた」と読みますが「七夕」と掛けた言葉であることは言うまでもありません。中国から伝わった七夕の織姫を神格化したものかもしれませんね。高御産巣日神（54ページ）の娘である萬幡豊秋津師比売命《よろずはたとよあきつしひめのみこと》が七夕の織姫だという説、また萬幡豊秋津師比売命の別名が天棚機姫神であるなど諸説ありますが、確かなことは分かっていません。

祀られている神社

- 機物神社：大阪府交野市倉治1-1-7
- 本宮倭文神社：山梨県韮崎市穂坂町柳平3195

縁結び・子宝の神様

神功皇后《じんぐうこうごう》

理性では分からない不思議な力……神

労を以て国を定める……功

偉大な王、開祖を表す……皇

命令する人……后

天皇家と新羅の血統を引く気高き皇后

第十四代仲哀《ちゅうあい》天皇の皇后。父は、第十代開化天皇の玄孫・息長宿祢王《おきながのすくねのみこ》、母は新羅から来た天日矛《あめのひぼこ》の末裔・葛城高額媛《かつらぎたかぬかのひめ》。遠征の途中で崩御した仲哀天皇の代わりに軍を率いて新羅、百済、高麗を服従（三韓征伐）させることに成功する。

主なご利益

- 安産
- 子育て守護
- 病魔退散
- 家内安全
- 開運招福

お腹に子どもを宿しながら、国の安定のために闘った

「神」とは、理性では知ることができない不思議な力を有することを言います。**「功」**とは、「工具」の「工」と、農具である「耒《すき》」を合わせてできた漢字です。これは、『説文解字』に「労を以て国を定める」と記されています。つまり、「様々な試練と苦労によって国家を安定させる」という意味です。**「皇」**とは「王朝の開祖となった王様」のことです。**「后」**は「口」以外の部分が「じっとしている人」の象形を表し、「口」から命令を発する人を意味します。しかし、「神功皇后」においては、「じっとしている」どころか、「様々な試練や苦労と闘った」人生でした。

皇后は仲哀天皇の熊襲征伐に随行したのですが、天皇は遠征中に住吉大神の神託を無視し、神の怒りによって殺されてしまいます。天皇の代わりに指揮を執ることになった皇后ですが、この時、すでに身ごもっていたため、戦中に産むことはできないと、出産を遅らせる鎮懐石《ちんかいせき》を腰に巻きつけていました。戦いに勝って帰国すると、皇后は筑紫で誉田別尊《ほむたわけのみこと》（後の応神天皇）を産みます。

皇后として、母親として様々な苦労を重ねながら、熊襲征伐、三韓征伐に成功したのが神功皇后だったのです。

祀られている神社

- 鎮懐石八幡宮：福岡県糸島市二丈深江2143-1
- 徳井神社：兵庫県神戸市灘区大和町4-5-5

縁結び・子宝の神様

須佐之男命《すさのおのみこと》

顔の髭 …… 須

右手を添えて左手を支える、輔佐する …… 佐

近いものを指し示す …… 之

力のある立派な男 …… 男

お告げ、天からの使命 …… 命

主なご利益

- 良縁結び
- 病気平癒
- 文芸上達
- 五穀豊穣
- 厄除け

天照大神を怒らせた暴れん坊の神様

『日本書紀』では「素戔嗚尊」、『古事記』では「建速《たけはや》須佐之男命」の名で記されている。伊邪那岐命が黄泉の国から帰って、禊を行った時に生まれた三貴子の一柱。伊邪那岐命に海原を治めるように命じられるが、須佐之男命はまったく仕事をせず暴れまわり、その大きな力で地上に災いが巻き起こったと言われる。

母・伊邪那美命に会いたくて高天原を追放された荒ぶる神

「須」という漢字の右側にある「頁」は、頭を意味します。それに「彡」がついていますが、これは「髭」です。**「佐」**は「右手」と「左手」を組み合わせて作られた漢字です。これは、左手が工具などを持って仕事をするのに、右手が輔佐をしているということを表します。互いが助けあって仕事をすることです。但し、「須佐《すさ》」は、「荒《すさ》ぶ」ことを意味する和語です。**「男」**という漢字は、力のある男が、農耕具を使っている姿を表しています。

つまり「須佐之男命」とは、その名前から「髭を生やした、荒んだように、暴れん坊な力持ちの男神」と言えるでしょう。

須佐之男命が暴れん坊だった一番の原因は、『古事記』によれば、須佐之男命が、母・伊邪那美命（130ページ）がいる黄泉の世界に行きたかったためでした。しかしこれを聞いた父親の伊邪那岐命（130ページ）は、須佐之男命を高天原から追放してしまいます。

首飾りの玉を噛み砕いて五柱の男神を生む

その前に、姉の天照大神（18ページ）に挨拶をしようと思って出掛けると、天照大神は須佐之男命がまた乱暴をしに来たものだと勘違いして武装します。この時、心の潔白を証明するために行ったのが「誓約《うけい》」です。

誓約とは一種の占いのようなもので、天照大神が「御前の心は本当は清いのかどうかを知らせるように」と命じると、須佐之男命は「私の心が清らかであれば男の子が生まれるだろう」と、天照大神から御統《みすまる》の玉をもらい、これを水で浄めてから、ガリガリと噛んで吐き出しました。すると五柱の男の神様（天之忍穂耳命《あめのおしほみみのみこと》（１０４ページ）、天之穂日命《あめのほひのみこと》（１０８ページ）、天津日子根命《あまつひこねのみこと》、活津日子根命《いくつひこねのみこと》、熊野久須毘命《くまのくすびのみこと》）が生まれました。そして、この時に天照大神も「誓約」をし、女の神様を三柱（多紀理毘売《たきりびめ》、多岐都比売《たきつひめ》、市寸島比売命《いちきしまひめのみこと》）生みますが、互いに自分が生んだ子を取り替えて、相手の子どもを自分の子としたのでした。

日本で初めて和歌を詠んだのは須佐之男命!?

須佐之男命の心は潔白であっても、暴れん坊であることにまったく変わりはありません。田畑を荒らし、家々に汚物をまき散らすことに怒った天照大神は、天岩戸に隠れてしまいます。こうして、須佐之男命は、高天原から追放され、出雲の鳥髪山（現在の船通山）に下ります。ここで、出会ったのが最初の妻になる櫛名田比売命（56ページ）です。須佐之男命は、八岐大蛇《やまたのおろち》の犠牲に出されることになっている櫛名田比売命のために八岐大蛇を殺し、八岐大蛇の腹の中にあった草薙剣を天照大神に献上するのです。

須佐之男命は、櫛名田比売命を妻にした時に、和歌を作っています。

八雲立つ　出雲八重垣　妻籠に　八重垣作る　その八重垣を

これが、我が国で初めて作られた歌だと言われています。

また、須佐之男命は祇園祭で有名な八坂神社の祭神です。八坂神社は古く、インドの祇園精舎の鐘守である牛頭天王を祀っていました。『日本書紀』に、須佐之男命は新羅の曽尸茂梨《そしもり》に渡ったと記されるのですが、曽尸茂梨とは古代朝鮮語で牛頭を意味するのです。

祀られている神社

- 須佐神社：島根県出雲市佐田町須佐730
- 八坂神社：京都府京都市東山区祇園町北側625

縁結び・子宝の神様

大国主命《おおくにぬしのみこと》

大きな、偉大な ……（大）

様々な仕組みによって守られた領域 ……（国）

ひと所にじっと止まって動かない者、霊魂が宿る印 ……（主）

お告げ、天からの使命 ……（命）

数々の試練を乗り越え葦原中津国を作った神様

『古事記』に登場する出雲神話の主神。たくさんの別名を持ち、若い時の大穴牟遅神《おおなむじのかみ》という名は「大名持《おおなもち》」からきた「功績が多く、著名な」という意味である。大《おお》物主神《ものぬしのかみ》と少名毘古那神《すくなびこなのかみ》の助けを借りて葦原中津国（高天原と黄泉の国の間＝日本を意味する）を造りあげた。

主なご利益

- 良縁結び
- 産業開発
- 夫婦和合
- 病気平癒
- 食料守護

地上の神様を代表する偉大な力の持ち主

「大」は、「大きな」「偉大な」という意味です。**「国」**は旧字体では「國」と書かれました。「囗」の中に「或」という字が書かれています。「囗」は、東西南北の四方を囲んでいることを表します。また「或」は、武器である「戈」を上下に置いて、その中にまた領土を表す「囗」を守るように書かれています。「國」とは、武器だけではなく様々な仕組みによって守られる境界のことを言ったものです。**「主」**は、ロウソクとその炎を描いたものです。炎は、ロウソクから離れることはありません、ここから同じ所にじっと止まって動かない者、また炎は霊魂が宿っていることを表します。

ただし本来「大国主命」とは、特定の「国・地域」の「主」ではなく、「大いなる国津神（地上の神様）の主祭神」という意味です。

大国主命ほど多くの妻を持ち、また多く別の名前を持っていて、また全国各地に祀られている神様はありません。それは、それだけ大きな働きを、大国主命がしたということの証拠と言っても過言ではないでしょう。

いじわるな兄たちから「因幡の白兎」を助け出した

とは言え、大国主命という名前になるまでには、二度も殺されるという苦労をしています。大国主命の若い時の名前は、大穴牟遅神《おおなむじのかみ》で、八十神《やそがみ》と呼ばれる大勢の兄に従う卑しい身分の男でした。

ある日、八十神たちは、美人の八十比売《やそひめ》に求婚しようと因幡国に出掛けました。一行が気多の岬を過ぎようとすると、皮を剥がれて苦しんでいるウサギがいました。八十神たちは、「海水を浴びて風に当たれば治る」とからかいます。信じて海に入ったウサギはさらに苦しんでしまいます。

これを助けたのが大穴牟遅神です。真水で身体を洗って、蒲の花粉の上に寝ているようにと教えるのです。この時、ウサギは、八十比売はあなたの奥さんになるでしょうと予言します。かくして、その通りになると、八十神たちは怒って、イノシシに似せた火だるまの大石を山から落とし、大穴牟遅神に受け止めさせて殺してしまいます。

母親の刺国若比売《さしくにわかひめ》は、高天原の神産巣日神に嘆願して蛤貝比売《うむぎひめ》と蚶貝比売《ききがいひめ》（134ページ）を派遣してもらって大穴牟遅神は蘇生します。しかし、八十神たちは、今度は、切った大木にくさびを打ち込み、その木の割れ目に大穴牟遅神を挟んで殺してしまうのです。

母親は泣きながら、大穴牟遅神を生き返らせますが、八十神たちはまたもや彼を追い込んで殺そうとします。やがて、大穴牟遅神は、根の国（死後の世界）である須佐之男命（68ページ）のもとに逃がされます。

須佐之男命の娘と結婚して偉大な神に成長した

逃げのびた先で、大穴牟遅神は、須佐之男命の娘・須勢理毘売《すせりびめ》と会って結ばれました。須佐之男命は、しかし、大穴牟遅神が自分の子孫であることを見抜き難題を掛けて、大穴牟遅神を成長させるのです。

こうして、須勢理毘売の助けを借りて難題を解いた大穴牟遅神は、須佐之男命の宝である生太刀《いくたち》と生弓矢《いくゆみや》、天《あめ》の詔琴《のりごと》を盗んで逃げ出し、出雲に帰ると、八十神たちを屈服させて、葦原の中津国の国造りに着手するのです。

神話の中でも、とくに文学性の高い、最も有名な神様だと言ってよいでしょう。

祀られている神社

- 出雲大社：島根県出雲市大社町杵築東195
- 出雲大神宮：京都府亀岡市千歳町千歳出雲無番地

縁結び・子宝の神様

彦火火出見命《ひこほほでみのみこと》

彦……顔の彫りが深いこと
火……炎、焼くこと
火……炎、焼くこと
出……出身、でどころ
見……目でじっと見る
命……お告げ、天からの使命

別名、山幸彦。
竜宮城に行ったことがある神様

木花佐久夜毘売命が、燃える産屋の中で出産した神さま。『日本書紀』では、別名・山幸彦といい、ある時、兄・海幸彦の釣り針と自分の弓矢を交換して獲物を獲りに行くが、海で釣り針をなくしてしまう。困った山幸彦は、塩椎神《しおつちのかみ》に導かれて海の中の綿津見神《わたつみのかみ》の宮殿へ行き、釣り針を見つけ、さらに綿津見神の娘・豊玉媛と結婚した。

主なご利益

・縁結び
・勝運招来
・五穀豊穣
・海上安全
・害虫除け

炎に包まれた産屋の中で弓矢を持って生まれた

「彦」は、「顔」という漢字の左側にもありますが、これは目鼻立ちがしっかりしている、今で言うところのイケメンであることを表します。**「火」**は、物を焼き尽くす炎です。**「出」**は、「出発」「出身」などの熟語で使いますが、どこからやってきたかという場所を示すための漢字です。**「見」**は、下の「儿」が足を表し、「立って、じっと物を見る」ということを意味します。

彦火火出見命は、父・邇邇芸命（106ページ）、母・木花佐久夜毘売命（48ページ）の間に生まれました。邇邇芸命は、一晩の契りで妊った妻を疑い、これに激昂した木花佐久夜毘売命は、産屋を火で燃やしながら出産をします。この火の中で生まれたので、彦火火出見命には「火出」という言葉が記されているのです。

彦火火出見命には、海幸彦と呼ばれる兄がいました。兄は釣り針を持って生まれました。これに対して、彦火火出見命は弓矢を持って生まれます。そのため山幸彦と呼ばれたのです。「幸」とありますが、「海の幸＝海のごちそう」「山の幸＝山のごちそう」という意味ではありません。「サチ」は、漁や狩を行うための道具を意味します。

祀られている神社

- 若狭彦神社上社：福井県小浜市竜前28-7
- 和多都美神社：長崎県対馬市豊玉町仁位字和宮55

縁結び・子宝の神様

弥都波能売神《みつはのめのかみ》

弥：広く行き渡っている……

都：あつめる、あつまる……

波：頭から水をかぶる……

能：ものごとをなし終えることができる力……

売：自分が持っているものと交換して、価値あるものを得る……

神：理性では分からない不思議な力……

伊邪那美命の尿から産まれた水の神様

伊邪那美命は火之迦具土神を生んだ後、苦しみ悶えて衰弱したが、その間にも次々と新たな神を産み出した。その時に伊邪那美命の尿から生まれたのが弥都波能売神である。農作物の生産にはなくてはならない水の神様で、雨乞い、あるいは水を動かせる神様ということで、水難除けの神様としても知られている。

主なご利益

・子授け
・安産
・農耕守護
・祈雨、止雨

世界中どこにでも水を行き渡らせることができる

「弥」は旧字体では「彌」と書きました。「弓」は、大きな土地の両端を表すために使われる漢字です。「爾」は、そこにべったりとくっついているということを言います。ここから「広く、大きく、行き渡る」ことを意味します。**「都」**は、「人々が集まってくる」ということから派生した意味です。ただ、ここでは「弥都」で「水」のあて字として使われます。**「波」**は、「水」を表す「氵」と「皮」からできています。「皮」の「又」の部分は、右手を表します。右手で「革」を頭からかぶるようにしているというのが「皮」のもともとの意味です。この字に「水」を表す「氵」がついて、水を頭からかぶるというのが「波」の本来の意味なのです。**「能」**は、「能力」「可能」などの熟語でよく使われる漢字ですが、「ものごとを成し終えることができる力」という意味があります。粘り強く、力に耐えて働くことを、そもそも表した漢字です。ただ、「波能売」と書いて「はのめ」という言葉は、「這う目」のあて字だとされます。

すると「弥都波能売神」という名前からは、「水を広く行き渡らせることができる神様」という意味が見えてくるのです。

祀られている神社

- 丹生川上神社中社：奈良県吉野郡東吉野村小968
- 籠神社奥宮（真名井神社）：京都府宮津市中野

縁結び・子宝の神様

矢《や》乃《の》波《は》波《は》木《き》神《かみ》

矢：まっすぐ直進する、ちかう、一直線につらねる……

乃：だらりとしていること……

波：頭から水をかぶる……

波：頭から水をかぶる……

木：立ち木の姿をそのまま描いた象形文字……

神：理性では分からない不思議な力……

主なご利益

・安産
・家内安全
・家屋敷の守護
・招福

出産にも深く関係する
箒に宿るお掃除の神様

民間信仰で家を守護する神様である屋敷神として知られる神。日常的な道具である箒を神格化した神様だが、名前の「ハハキ」の音が「母木」にも通じることから、命を産む木として出産のときに赤ちゃんと母親を守護すると言われている。また、汚れたゴミを集め掃き出す力を、胎児を外にはき出す力と重ねて捉えている説もある。

穢れをはらい、霊魂をかき集める箒を神格化

「矢」は、弓矢の「矢」を描いた象形文字です。まっすぐ目的に向かって飛んで行くことから、目的ややるべきことを間違わずに行う、あるいは行うことを誓うという意味になります。**「乃」**は、もともとは、耳たぶを描いた象形文字で、だらりと垂れ下がっていることを表します。**「波」**は、先ほども説明したように「水」を表す「氵」と「皮」からできています。「皮」の「又」の部分は、右手を表します。右手で「革」を頭からかぶるようにしているというのが「皮」のもともとの意味です。この字に「水」がついて、水を頭からかぶるというのが「波」の本来の意味になりました。**「木」**は、木の象形文字です。しかし、ここでの「波波木《ははき》」の組み合わせは、古い言い方での「箒」を表しています。

したがって「矢乃波波木神」とは、「お掃除をするという目的を持って、だらりと棕櫚《しゅろ》などの箒の部分が垂れ下がっている箒の神様」という意味です。

さて、箒は、塵などを掃いて「場所を浄める」という意味があると同時に、掃いて集めることは、様々な物や御魂をまとめるという意味もあるので、神事には欠かせない道具です。こうしたことから神格化されたのが、矢乃波波木神です。

祀られている神社

- 伊勢神宮（内宮）：三重県伊勢市宇治館町1

第三章

金運・商売の神様

世界の始まりからこの国を造り、
より豊かにするために生まれてきた神様たちにとって、
大地を実らせ、自然の恵みを生み出すことは、
力を持つ者としての宿命でもありました。
人々は神様に名前をつけることで
その恩恵に対する感謝の念をあらわし、
たくさんのご利益を享受してきたのです。

金運・商売の神様

大物主神《おおものぬしのかみ》

大きな、偉大な……大

いろいろな布でつくられた吹き流し……物

ひと所にじっと止まって動かない者、霊魂が宿る印……主

理性では分からない不思議な力……神

主なご利益

・商売繁盛
・病気平癒
・稲作豊穣
・醸造守護
・厄除け

白く美しい蛇の姿をした商売繁盛の神様

蛇の身体を持つ神様として、知られている。「物」の「勿」(布を表す)が、長い吹き流しであることを考えると、蛇のイメージにも似ている。現代でも蛇にはお金が貯まる縁起のいい生き物という説があるが、これは古来から蛇を水の恵みをもたらす山の守り神として祀り、豊穣や富を願ったことに由来している。

大国主神の国造りをあらゆる面でサポート

「大」は、もともと人が大きな手を広げて大地に立っていることを表した漢字です。ここから、「大きいこと」「偉大であること」を表すようになりました。**「物」**は、「牛」と「勿」が組み合わさってできています。「勿」は、本来、いろいろな布を縫い合わせて作られた長い布のことを描いた象形文字です。「牛」偏がついているのは、牛は、古代中国では色が一定していたものでなく、さまざまな色をしているので、具体的に何かを指すのではなく不特定の「もの」を示すという意味で付けられました。**「主」**は、ロウソクとその炎を描いたものです。炎は、ロウソクから離れることはありません、ここから同じ所にじっと止まってうごかない者、また炎は霊魂が宿っていることを表します。**「神」**は、理性では分からない不思議な力を意味します。

すなわち「大物主神」は「あらゆる物を司る、偉大な不動の魂」を意味します。大物主神は、大国主神の国造りを手助けした神様です。大物主神は、お酒を造ったり、交通・航海の整備をしたり、縁談をまとめ、疫病を治すなど、あらゆる面にわたって国造りをしました。「物」という漢字が、特定のことではなくあらゆることを指しているということとも合致します。

祀られている神社

- 大神神社：奈良県桜井市三輪1422
- 大物主神社：兵庫県尼崎市大物町2-7-6

金運・商売の神様

天之常立神《あめのとこたちのかみ》

天の神の命を受けて、人間界を治める者……天

近いものを指し示す……之

いつまでも長く続いて変わらないもの……常

しっかりと両足を地につけて立つ……立

理性では分からない不思議な力……神

主なご利益

・産業開発
・必勝祈願
・交通安全

天地創生時、5番目に現れた天空神

すべての始まりに現れた「別天神五柱」と呼ばれる神様のうちの一柱であり、天上世界である高天原そのものを神格化した神様。『古事記』では、現れるとすぐに姿を隠したと記されているが、天界で永遠に存在する神様で、あまりにも大きく、人智では理解することができないのである。

天上世界の平和を未来永劫、ずっと見守り続ける

「天」は、人の頭上に大きく広がる天空です。その天の偉大さ、不可思議さをさらに強調しているのが**「之」**という漢字です。**「常」**は「尚」に「巾」が合わさってできています。また「尚」は、「窓」を表す「冋」に数字の「八」がついてできた漢字です。「八」は大きく広がることを意味しますが、窓から高く上がって大きく広がる煙を表すもので、ここから「高いこと」「尊ぶほどに高く大きなこと」を意味するようになりました。また「巾」は、布の幅が広くて長いことを表し、「尚」に「巾」がついた「常」は、素晴らしいことが長くいつまでも続くことを意味します。**「立」**は、「、」が人の頭で、両手を地面に水平に開き、両足を大きく広げて、大地にしっかりと立っていることを表した漢字です。さらに**「神」**は、人智を遥かに超えた自然の力です。

「天之常立神」は、30ページで紹介した「国之常立神」と一文字違いの名前ですが、「国之常立神」が地上を見守る神様であるのに対し、「天之常立神」は「天空の世界が素晴らしい状態でいつまでも続くように見守っている人智を超えた力を持つ神様」の名だと言えるでしょう。

祀られている神社

- 大元神社：愛媛県八幡浜市釜倉字宮元2番耕地131
- 駒形神社：岩手県奥州市水沢区中上野町1-83

金運・商売の神様

宇迦之御魂神《うかのみたまのかみ》

大きな屋根のような大空に覆われた世界……宇

行き交うこと……迦

近いものを指し示す……之

治める、使いこなす、はべる、そばに仕える……御

人の生命のもととなるもの……魂

理性では分からない不思議な力……神

お稲荷さんとして親しまれる稲の神様

穀物、食糧の神様。『古事記』では須佐之男命の子、『日本書紀』では伊邪那岐命が飢えた時に現れた神様だとされている。さらに、伊勢神宮に祀られる豊宇気毘売神の別名だとも言われます。全国各地にある稲荷神社の狐は「御食津神《みけつかみ》」と言われ、稲荷神社の祭神である宇迦之御魂神の使いです。

主なご利益

・五穀豊穣
・諸産業隆昌
・諸芸上達
・商売繁盛
・交通安全

稲の精霊を神格化した生命の源を治める神

「宇」は、「宀」と「于」が合わさって作られた漢字です。「宀」は屋根で、「于」は、丸く曲線を描いていることを表します。つまり天球を表し、宇宙全体を示します。

「迦」は、サンスクリット語の「ｋａ」を表すために作られた漢字ですが、「解脱して彼岸と此岸を行き交うこと」を意味します。

よって、「宇迦」は、漢字の意味から考えれば、「宇宙と地上を行き交う」という意味になりますが、同時に「ウケ」という言葉は和語では「穀物」を表す言葉です。稲の神様としての意味合いも名前の中に含まれているのですね。

また**「御魂」**とは二字で「人の生命のもとになるものを治めて、使いこなす」という意味になります。

これに「神」がついた、「宇迦之御魂神」とは、「天空と地上を行き交い、人智では識ることができないけれど、人の生命のもとになるものを治め、使いこなすことができる神様」という意味になるでしょう。

祀られている神社

- 伏見稲荷大社：京都府京都市伏見区深草藪之内町68
- 白笹稲荷神社：神奈川県秦野市今泉1089

金運・商売の神様

大宮売神《おおみやのめのかみ》

大きな、偉大な …… 大

奥深く、幾棟もある大きな屋敷 …… 宮

自分が持っているものと交換して、価値あるものを得る …… 売

理性では分からない不思議な力 …… 神

天照大神と宇迦之御魂神に仕えた可愛い女神

八〇七年に斎部広成《いんべのひろなり》が編纂した『古語拾遺』という本に初めて記された神様。それによれば、大宮売神は、天照大神が天岩戸から出て、新しい宮殿に移った時につき従って天照大神に仕えたとされる。「大宮」とは、天照大神の新しい「宮殿」に由来している。

主なご利益

- 商売繁盛
- 農業守護
- 家内和合
- 病気治癒
- 厄除開運

食物が必要な人へ届くよう市場を見守り、流通・接客を守護

「大」は、もともと人が大きな手を広げて大地に立っていることを表した漢字です。ここから、「大きいこと」「偉大であること」を表すようになりました。**「宮」**は屋根を表す「宀」と建物の形を書いた「口」を合わせ書いたもので、複雑にたくさんの建物が建てられた大きな屋敷を表します。ここから「宮殿」を意味する漢字として使われるようになりました。**「売」**は、自分が持っているものを相手に与えることで、自分がなにか価値あるものを手にするということが本来の意味です。**「神」**は、理性では分からない不思議な力を意味します。

ここからすれば「大宮売神」とは、「すばらしい宮殿にあって、自分の持ち物を与えて価値あるものを得る不思議な力を持つ神様」ということになるでしょう。

大宮売神は、宇迦之御魂神（88ページ）に仕えたとされ、京都伏見稲荷大社では、主祭神である宇迦之御魂神のすぐ隣に祀られています。宇迦之御魂神は穀物の神様なので、それを流通させて必要としている人々のところに届ける仲介役が大宮売神です。ここから、接客の神様として祀られるようにもなりました。大宮売神の「売」という漢字が「商売」と関係して使われていることと無関係ではありません。

祀られている神社

- 伏見稲荷大社：京都府京都市伏見区深草藪之内町68
- 大宮売神社：京都府京丹後市大宮町周枳1022

金運・商売の神様

神大市比売《かむおおいちひめ》

理性では分からない不思議な力……神

大きな、偉大な……大

取引をする、多くの人が集まって売り買いをする……市

ならんでいる……比

自分が持っているものと交換して、価値あるものを得る……売

農業神の系譜に属する
豊かな交易を守る百貨店の神

山の神である大山津見神を父に、農業の神である大年神《おおとしのかみ》と宇迦之御魂神を子に持つ。神大市比売は、それらの神が生み出した穀物を、届ける「市場」を見守る神である。別名で「偉大な雷」を意味する「大歳御祖神《おおとしみおやのかみ》」と呼ばれ、龍が雷を鳴らし、雨を降らせて豊穣の秋を迎える様子に由来する。

主なご利益

・商売繁盛
・開運招福
・女性守護

須佐之男命と結婚し五穀神を産み落とした交易の女神

「神」という漢字は、左側の「示」が祭壇で、右側の「申」は、雷のような神の霊が天から降りて来ることを意味しています。**「大」**は、もともと人が大きな手を広げて大地に立っていることを表した漢字です。ここから、「大きいこと」「偉大であること」を表すようになりました。**「市」**は、もともと「止」と「平」の漢字が合わさって作られたものです。「止」は「足」を意味し、いろいろなものが行き交うこと。また「平」は、「価値が平衡すること」を意味します。つまり「物々交換」で「平衡する価値のものを行き交わせる」ことを表しています。**「比」**は「ならぶ」と読みます。1人でいるのではなく、ともにだれかといることです。**「売」**は、ものの「売り買い」という時に使い、何かの代償として、あるいは自分が持っているものを与えて、その代わりに何かを得るということを表しますが、「比売」と合わせ書いて「姫」という女性の敬称を表してもいます。

「神大市比売」とは「神様の偉大な力で、皆が交易できるようにすることを見守っている女性の神様」ということになるでしょう。

祀られている神社

- 市比売神社：京都府京都市下京区 河原町五条下ル一筋目西入
- 大内神社：岡山県備前市香登本1249

金運・商売の神様

応神天皇《おうじんてんのう》

応……求めに応じる、手応えがある

神……理性では分からない不思議な力

天……天の神の命を受けて、人間界を治める者

皇……偉大な王、開祖を表す

百済との国交で日本を豊かにした「神」の漢字を受け継ぐ天皇

父・仲哀天皇と母・神功皇后の間に生まれた第十五代天皇。第四子として生まれ、熾烈な後継争いを勝ち抜いて天皇となった。応神天皇の時代には、『論語』と『千字文』（漢字を学ぶための教科書）が日本に伝わり、インフラ整備など、大陸から情報を得て国家の安泰と産業の振興に力を尽くしたと言われている。

主なご利益

- 殖産産業
- 国家鎮護
- 家運隆昌
- 成功勝利
- 悪病災難除け

全国8000社近くの神社で信仰される八幡神社の祭神

「応」という漢字は、旧字体では「應」と書きます。「广」「隹」「心」が合わさって書かれています。「广」は「覆うこと」、雀などに使われる「隹」は「小さな鳥」を表します。小さな鳥を、両手などで覆って、心からしっかりと受け止めるということを表したのが「應」の意味なのです。**「神」**は偉大で不可知な自然の力のことです。**「天」**は、「天の命を受けて人間界を治める者」を表します。**「皇」**の上にある「白」はもともとは「自」と書かれており、「はじめ、開祖」を意味します。「王」と組み合わせ、「皇」は「王朝の開祖となった王様」という意味になるのです。

これらの漢字を合わせると、「応神天皇」は「人々の気持ちを小鳥のようにしっかりと大切に受け止めて、人間界を治める神のように偉大な王」ということになるでしょう。

応神天皇は京都・石清水八幡宮、神奈川県の鶴岡八幡宮と宇佐八幡宮に祀られています。というのは、応神天皇は、崩御されてからその神霊が豊前国宇佐に示現して「八幡神」と呼ばれるようになり、さらに神仏習合として「八幡大菩薩」と呼ばれるようになり八幡宮として祀られるようになったからです。

祀られている神社

- 石清水八幡宮：京都府八幡市八幡高坊30
- 鶴岡八幡宮：神奈川県鎌倉市雪ノ下2-1-31

金運・商売の神様

豊宇気毘売神《とようけびめのかみ》

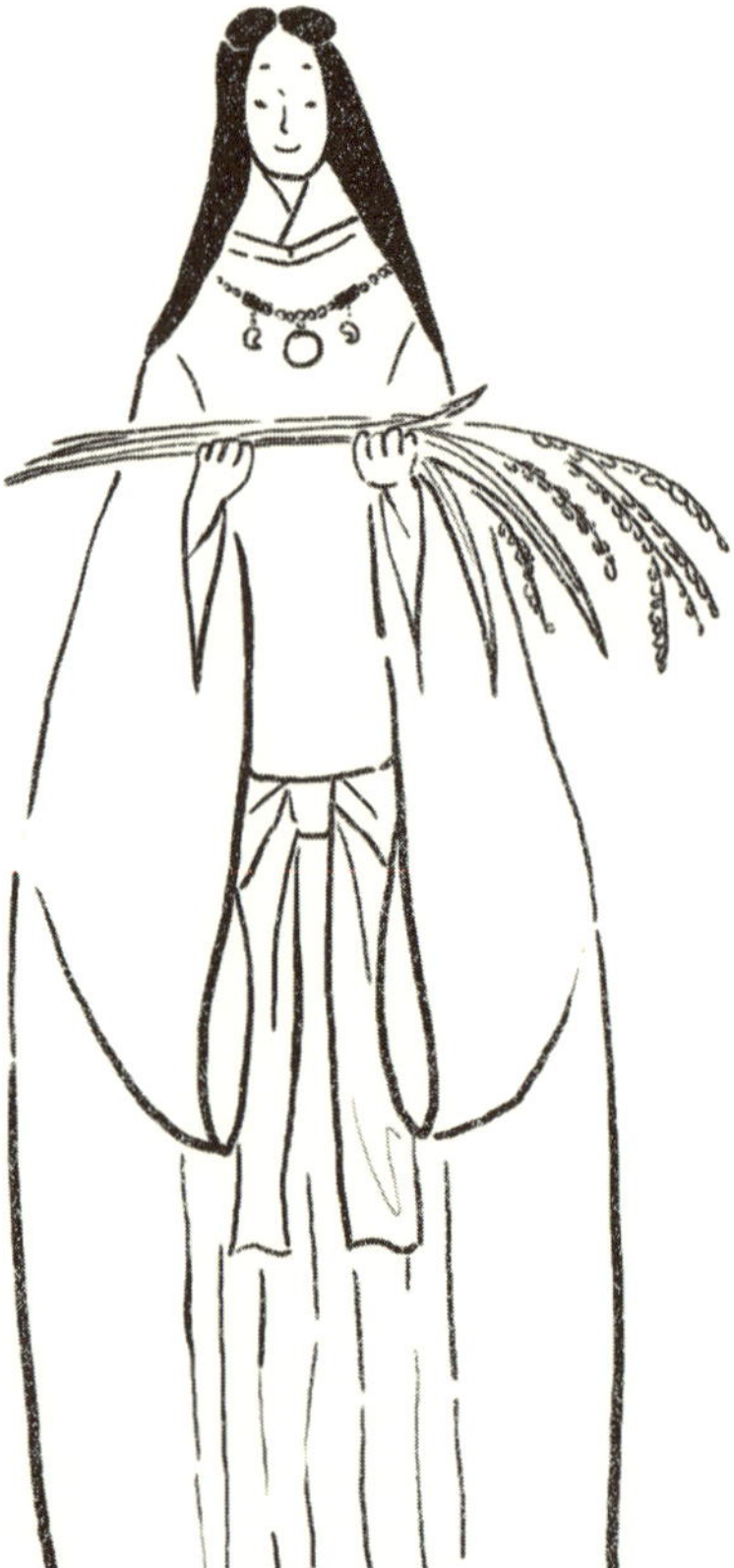

山盛りのゆたかさ……豊

大きな屋根のような大空に覆われた世界……宇

心身の活力……気

そばについて輔佐する……毘

自分が持っているものと交換して、価値あるものを得る……売

理性では分からない不思議な力……神

天照大神の食事を司る五穀豊穣の女神

『古事記』によると、伊邪那美命の孫にあたる。ある時、雄略天皇の夢に天照大神が現れ、「一人では食事ができないから、丹波の国から4柱の女神（豊宇気毘売神を含む）呼べ」と神託があり、祀られた。また、『丹後国風土記』の羽衣伝説で、水浴び中に羽衣を盗まれた天女と豊宇気毘売神を同一視する見方もある。

主なご利益

- 農業守護
- 漁業守護
- 産業復興
- 無病息災
- 延命長寿

豊富な食物で主を元気づけた献身的な稟性

「豊」は、旧字体では「豐」と書きました。下の部分にある「豆」は、神様の祭壇にお供えをするときに使う背の高い器の形を描いたものです。上部にあるのは、ざるで編んだ籠に、入りきれないほどの穀物を入れたものです。「豊」とは、神様に捧げるための山盛りの穀物で、「豊穣」を表します。**「宇」**は、高い屋根のある家を表します。ここでは「豊かに実った穀物を、屋根の高い倉庫の、その屋根まで届くほどに入れること、またそれほどまでに穀物が実る」ということを意味します。**「気」**は、旧字体では「氣」と書きました。「米」を炊いたり、蒸かしたりするときに出る水蒸気を描いた漢字です。ここから「気力」「意気」など、心身の活力を言うようになりました。また、「宇気《ウケ》」は古い日本語で「穀物、食物」のことを表します。「豊宇気」で、すなわち「豊かな穀物」を意味します。**「毘」**は、誰かのそばについて人を輔佐すること、また**「売」**は、自分が奉仕して、それに対する等価を得ることです。ただ、「毘売」は「姫」の万葉仮名のあて字で「女神」のことです。

「豊宇気毘売神」とは、「倉庫いっぱいに実った豊穣の力の側について、自分ができることをして奉仕する神様」ということになるでしょう。

祀られている神社

- 豊受大神宮：三重県伊勢市豊川町279
- 鳥海山大物忌神社：山形県飽海郡遊佐町大字吹浦字布倉1

金運・商売の神様

和久産巣日神《わくむすびのかみ》

みんなが仲良く、ひとつの輪になる …… 和

長く、長く、どこまでも …… 久

異質なものを合わせて新しいものを創る …… 産巣

太陽が出ている間の時間、また日々のこと …… 日

理性では分からない不思議な力 …… 神

伊邪那美命の尿から産まれた水と農耕の神様

伊邪那岐命と伊邪那美命による神産みのさいに生まれ、食物神・豊宇気毘売神の父であるとされる神様。『日本書紀』では稚産霊《わくむすび》と表記し、頭から蚕と桑、へそに五穀を発生させ、蚕を使いとしているとされている。愛宕神社に祀られていることが有名で、愛宕山の神と同一視する説もある。

主なご利益

・農耕守護
・祈雨、止雨
・五穀豊穣
・開運招福
・子孫繁栄

みなぎる若い生命力で新しい文化を創造する

「和」は、「和を以て貴しと為す」という聖徳太子の「十七条憲法」でも有名な言葉で、我が国の文化が最も大切にしてきたものです。もともとは穀物を束ねることを意味します。「禾」が穀物、「口」は元来「○」で書かれ、穀物を結わえることで、皆が一丸となっているということを表します。**「久」**は、山から海に向かって流れる長い長い川を描いたもので、とこしえに続くことを表す漢字です。ただ、「和久《わく》」は和語で「若さ」を表します。心が躍ることを「ワクワクする」と言ったりしますが、これとも関係がある「若い力」です。**「産」**は、旧字体では「產」と書きます。「産」の「生」を除いた部分の「文」は「文化」を表します。これに「生」という漢字がついていますが、この字は「土」から若芽が吹き出す様子を描写しています。つまり素晴らしい文化がどんどん生まれて来るということです。また**「巣」**は、木の上にある鳥の巣を描いたものです。ところで、「産巣」は「ムスビ」と読みます。これは、和語で「生成」を意味します。「結び」にも通じて、さまざまな異質のものを合わせることで、今までになかったものを創り出すことです。**「日」**は太陽が出ている間の時間を指し、明るく輝くことを意味します。

すなわち「和久産巣日神」とは、「若くて創造力のある輝く神様」という意味の名前です。

出生のときから膨大なエネルギーを持っていた

火之迦具土神（40ページ）を生んだ伊邪那美命（130ページ）は、病臥し、その時、尿から弥都波能売神（78ページ）と和久産巣日神が生まれたと『古事記』には記してあります。尿から生まれたと聞くと、汚いと思われるかもしれませんが、化学肥料ができるまで、糞尿は、穀物や野菜を育てるための肥料としてなくてはならないものでした。糞尿から生まれた和久産巣日神は、すでに生まれた時から莫大なエネルギーを持つ神様としての性質があったのです。それが「和久」という言葉で表現されているのでしょうし、同時に様々なものを「結び」育てて豊作をもたらすことをこの神は見守ってくれているのです。

美智子さまも大事に育てられる蚕の神

さて、『日本書紀』には、この『古事記』の話とは違い、火之迦具土神が波邇夜須毘売神《はにやすびのひめ》（122ページ）を妻として、その間に生まれたのが和久産巣日神であると記されています。その時、和久産巣日神の頭には、蚕と桑が生じたと言われ、ここから和久産巣日神は養蚕の神様になりました。

蚕から取れる「絹糸」は美しく、長く、切れることがありません。ここから、古代から永遠に切れることのない大切な教えを、「糸偏」のついた「経」という漢字で表してきました。

皇室でも皇后さまは代々養蚕をしていらっしゃいます。これは、お育てになった蚕からできる絹糸で外国の人のために贈るプレゼントを作ったりするためという実際的なこともありますが、それ以上に古くから伝わって来た大切な教えを次の世代にも繋げて行くという意味もあるのです。

そういう意味においても和久産巣日神は、我が国の文化を支えるとても重要な神様だと言えるでしょう。

祀られている神社

- 安積国造神社：福島県郡山市清水台1-6-23
- 愛宕神社：京都府京都市右京区嵯峨愛宕町1

金運・商売の神様

大宜都比売神《おおげつひめのかみ》

- 大：大きな、偉大な
- 宜：神様に捧げる肉
- 都：あつめる、あつまる
- 比：ならんでいる
- 売：自分が持っているものと交換して、価値あるものを得る
- 神：理性では分からない不思議な力

主なご利益

・五穀豊穣
・食料保護
・農業向上
・養蚕向上

須佐之男命に食事を差し出し殺された五穀豊穣の女神

阿波国（現在の徳島県）の名前の由来になったとされる神様。『古事記』では天上界を追放された須佐之男命が、地上を彷徨い、飢えていたときに食事を施すが、その穀物が、鼻や口、尻などから出て来たものであることに怒った須佐之男命に殺される。亡くなった後も頭からは蚕が、両目からは稲が、耳からは粟が生えてきたという。

五穀のはじまりとされ、穀物の偉大な力を象徴する姫

「大」は、もともと人が大きな手を広げて大地に立っていることを表した漢字です。ここから、「大きいこと」「偉大であること」を表すようになりました。**「宜」**は、「屋根」を表す「宀」と、「肉」をたくさん盛った皿を表す「且」とが合わさってできています。これは、神に捧げる肉を表しています。**「都」**は、ふつうは「みやこ」と読みますが、これは、もともとは「人々が集まってくる」ということから派生した意味です。ただ、この二文字を合わせた「宜都」は「けつ」と同じで、「穀物」や「食糧」を表します。「大宜都」とは「たくさんの穀物」を表すのです。また**「比売」**は「姫」で「身分の高い女性」を言います。そして**「神」**は、理性では分からない不思議な力を意味しますので「比売神」で「女性の神様」を表します。

「大宜都比売神」とは、「偉大なたくさんの穀物を司る女性の神様」ということになるでしょう。

徳島の一宮神社には大宜都比売神が祀られていますが、同じく徳島には上一宮粟神社という神社があり、ここには大宜都比売神の耳から出てきたとされる「粟」という字をつけて五穀豊穣の御利益を下さる神様として祀られています。

祀られている神社

- 白子神社：山形県米沢市城北2-3-25
- 上一宮大粟神社：徳島県名西郡神山町神領西上角330

金運・商売の神様

天之忍穂耳命《あめのおしほみみのみこと》

天の神の命を受けて、人間界を治める者……天

近いものを指し示す……之

粘り強いこと……忍

稲の先端……穂

柔らかいこと……耳

お告げ、天からの使命……命

主なご利益

・諸産業繁栄
・勝運招来
・家系繁栄

天照大神の御統から生まれた稲穂の神様

須佐之男命が、自分の心が清らかであることを証明するために姉の天照大神から御統の玉をもらい、「私の心が清らかであれば男の子が生まれるだろう」と、これを水で浄めてから、ガリガリと噛んで吐き出すと、五人の男の神様が生まれた。そのうちのひとりが天之忍穂耳命だと言われている。

強い意志と穂先のようにしなやかな心を併せ持つ

「天」とは、人の頭上に大きく広がる天空です。その天の偉大さ、不可思議さをさらに強調しているのが**「之」**という漢字です。**「忍」**は、「刃」と「心」が組み合わさってできています。「刃」は、「刃物の刃」ですが、これは鋼を何度も叩いて粘り強くして作られるところから「粘り強い」ことを表します。それに心がついて「つらいことでも粘り強く持ちこたえることができる」という意味になったのです。ただ、ここでは「忍」を和語の「オシ」という読み方で使っています。「オシ」とは、人を抑え制すること、また自分の意見や希望を無理に押し通すことなどを意味します。それを象徴する、天照大神（18ページ）が天之忍穂耳命に、地上に降りることを命じますが、これを二度にもわたって断ったというエピソードもあるのです。「穂」は、稲の実った「穂」のことです。また**「穂耳《ほみみ》」**とありますが、これは柔らかい稲の穂先で、そこにたわわに穀物が実っていることを表します。**「命」**は「天からの使命」という意味です。

「天之忍穂耳命」とは、「不可思議な天が生んだ、自分の考えを押し通す力を持った、たわわに実る穀物のために天命を拝した神様」ということになるでしょう。

祀られている神社

- 阿賀神社：滋賀県東近江市小脇町2247
- 英彦山神宮：福岡県田川郡添田町英彦山1

金運・商売の神様

邇邇芸命《ににぎのみこと》

邇……近寄る、身近
邇……近寄る、身近
芸……手を加えて穀物を栽培する
命……お告げ、天からの使命

主なご利益
・五穀豊穣
・国家安穏
・子孫繁栄
・家内安全
・農業発展

天照大神から三種の神器を受け取って地上に降りてきた神

天照大神の孫であることから「天孫」の一柱でもあり、父・天之忍穂耳命の代わりに初めて地上に降りた神。その時、天照大神から、三種の神器（八咫鏡、草薙剣、八尺瓊勾玉《やさかにのまがたま》）を授かり、地上を統括した。木花佐久夜毘売命と結婚し、三柱の子をもうける。

父の身代わりとして降臨し、地上を繁栄させた

「邇」という漢字は、ほとんど我々の日常生活では使われることがありません。「邇」は「爾」と「辶」が組み合わさってできています。「爾」とは、本来、紙や布にべったりとくっつけて捺す印鑑のことを表すものです。ここから「身近にいる人や物」を言うようになりました。「爾」に「おまえ」というような意味の「なんじ」という読み方があるのは、そのためです。さて、それに「辶」がつくと、「近くに行く」「近寄る」という意味になります。**「芸」**は、旧字体では「藝」と書きました。これは、人が両手を差し伸べて植物を手で植えていることを表した漢字です。ただ、「邇邇芸（ニニギ）」の音は、「にぎやかであること」、「繁栄すること」を意味します。「邇邇芸命」とは、「遥か遠い天上から、この地上に近く降りて来て、賑やかに繁栄する世の中を作った神様」ということになるでしょう。

天照大神（18ページ）の子となった天之忍穂耳命（104ページ）が、天照大神から地上に降りて地上を治めるようにと言われたのに、それを拒んだ時にちょうど生まれて来たのが邇邇芸命です。天之忍穂耳命が自分の代わりに邇邇芸命を地上に降臨させたのでした。

祀られている神社

- 高千穂神社：宮崎県西臼杵郡高千穂町大字三田井1037
- 霧島神宮：鹿児島県霧島市霧島田口2608-5

金運・商売の神様

天之穂日命

あめのほひのみこと

天の神の命を受けて、人間界を治める者……

近いものを指し示す……

稲の先端……

太陽が出ている間の時間、また日々のこと……

お告げ、天からの使命……

太陽神・天照大神の命により中津国を平定した出雲の神

須佐之男命が御統の玉から生み出した五柱のなかの一柱で、天之忍穂耳命の弟にあたる。『古事記』と『出雲国《いずものくに》造神賀詞《のみやつこのかんよごと》』で異なる伝説があり、『古事記』では、天照大神から最初の使者として、中津国に送られてきた神様とされている。また、出雲国造として出雲大社を守って来た出雲氏の祖先だという説もある。

主なご利益

・農業守護
・産業振興
・学問上達
・受験合格
・縁結び

農業を守護するキラキラとした太陽の光

「天」は、人の頭上に大きく広がる天空です。その天の偉大さ、不可思議さをさらに強調しているのが**「之」**という言葉です。**「穂」**は、文字通り実った稲の穂のことです。**「日」**は、キラキラの太陽、**「命」**は天からの使命です。

「天之穂日命」は、漢字だけでいえば、「太陽のエネルギーいっぱいの稲を豊作にしてくれるようにしている天上の神様」ということになるでしょう。ただ「穂」は「菩」「火」「秀」と書かれることもあり、いずれもこれは「赤々と輝くこと」を意味します。とすれば、「天の太陽のエネルギーに満ち溢れた神様」ということになるでしょう。

そのようなエネルギーをもって、天照大神（18ページ）から国を守護するようにとの命を受けて出雲に降りて来た天之穂日命は大活躍し、中津国を平定しました。自分の子である天夷鳥命《あめのひなとりのみこと》を地上に派遣し、天孫（邇邇芸命）が降臨するための準備をしたと『出雲国造神賀詞』には記されています。

しかし一方『古事記』では、出雲国で大国主命（72ページ）の仕事の素晴らしさに感服して三年以上も天上に中津国の事情を報告すらしなかった、という描写も残されています。

祀られている神社

- 能義神社：島根県安来市能義町366
- 五宮神社：兵庫県神戸市兵庫区五宮町22-10

金運・商売の神様

金山毘古神《かなやまびこのかみ》

金、銀、銅など金属の総称、土のなかにある金属 …… 金

万物を生じるところ …… 山

そばについて輔佐する …… 毘

髪飾りをつけた頭、特徴的な頭 …… 古

理性では分からない不思議な力 …… 神

主なご利益

・金運上昇
・金属加工業守護
・開運招福
・災難除け
・厄除け

伊邪那美命の嘔吐物から生まれた金属を司る神様

『日本書紀』の一書に登場する鉱石、鉱物、鉱山の神様。伊邪那美命が火之迦具土神を生んだ後、ひどい火傷を負って身体の調子がとても悪いとき吐瀉した中から生まれた金山毘古神。同じく鉱山の女神で、夫婦の関係にある金山毘売神《かなやまひめのかみ》と同時に誕生している。この夫婦の子が、たたら場の守り神である金屋子神《かなやごかみ》。

刀から包丁そして車まで⁉　あらゆる金属を守護する

「金」は、上から押さえた蓋と光るものを描いた象形文字です。「土」の中にあって光っているもの、つまり金属です。**「山」**は山の形を描いた象形文字ですが、とくに万物が眠っているところ、万物を生じる場所という意味もあります。**「毘」**の上部にある「田」は、大きな頭を持つ者を指すことから転じて、「畏敬」の念を感じる存在を表します。下の「比」は「ならぶ」と読んで、そうした存在にならび仕えることを意味します。**「古」**は、飾りや特徴のある頭部を表し、「毘」と「古」で、男性を表す「彦」と読みます。

つまり「金山毘古神」とは、「土や山の中から生じる金を守る、畏敬の念を感じるほど偉大な男神」という意味になるでしょう。『日本書紀』によれば、神武天皇（26ページ）が東方に遠征した際、金色の鵄《とび》を飛ばして敵の長髄彦《ながすねびこ》を動揺させ、天皇に勝利をもたらしたと書かれています。こうしたことから、戦乱のあった中世の時代には、武器の神様としても崇められ、刀鍛冶の神様とも捉えられ、戦がなくなってからは包丁の神様とも呼ばれています。ちなみに、トヨタ自動車でも、創業以来ずっと金山毘古神を祀っています。

祀られている神社

- 南宮大社：岐阜県不破郡垂井町宮代1734-1
- 黄金山神社：宮城県石巻市鮎川浜金華山5

金運・商売の神様

天日鷲神《あめのひわしのかみ》

空に掛かる太陽……天日

黒色で多くの子ども産む鳥……鷲

理性では分からない不思議な力……神

「酉の市」のルーツとなった商売の繁栄を見守る神

『日本書紀』の一書に記載された国譲りの神話に登場する神様。「酉の市」の起源となった神様でもあり、倭建命が天日鷲神が祀られている鷲神神社（東京都台東区）を参拝し、戦の勝利を願った日が11月の酉の日だったことに由来している。酉の市の「縁起熊手」は幸運や金運を「かき集める」商売繁盛の縁起物である。

主なご利益

・豊漁
・殖産の神
・開拓の神
・商売繁盛
・開運

持っていた楽器に鷲が止まった縁起のいい神様

「天日」は、空に掛かる太陽を表します。**「鷲」**は、「目標を目指して、まっすぐに近寄る」という意味の「就」と、そうした性質を持った鳥が合わさって作られた漢字です。

天照大神（18ページ）が天岩戸に隠れた時、岩戸の前で、天照大神が出て来てくれるようにと、神々は踊ります。その時に弦楽器を奏でていた神様の弦の先に鷲が一羽止まります。ここで名前がついたのが天日鷲神です。飛んできた鷲は「天照大神が天岩戸から出て来て欲しいという願いが適う予兆」だと言って神々は喜んだとされます。

『古語拾遺』には、邇邇芸命（１０６ページ）の天孫降臨の際に、布刀玉命《ふとだまのみこと》（１６４ページ）に従って地上に降りて来たと記されます。また、天岩戸では、穀（楮の一種であるカジノキ）と木綿などを植えて、白和幣《しらにぎて》（榊の枝に掛けて、神前にささげる白い布）を作ったとされます。ここから「麻植《おえ》の神」としても知られます。

阿波の国の忌部氏《いんべし》の祖神で、忌部神社は、天皇即位の大嘗祭の際に、阿波忌部氏の末裔とされる三木家が作った麻を使って麁服《あらたえ》を調進する神社です。

祀られている神社

- 忌部神社：徳島県徳島市二軒屋町2-53-1
- 安房神社：千葉県館山市大神宮589

金運・商売の神様

大年神
おおとしのかみ

大きな、偉大な …… 大

みのり …… 年

理性では分からない不思議な力 …… 神

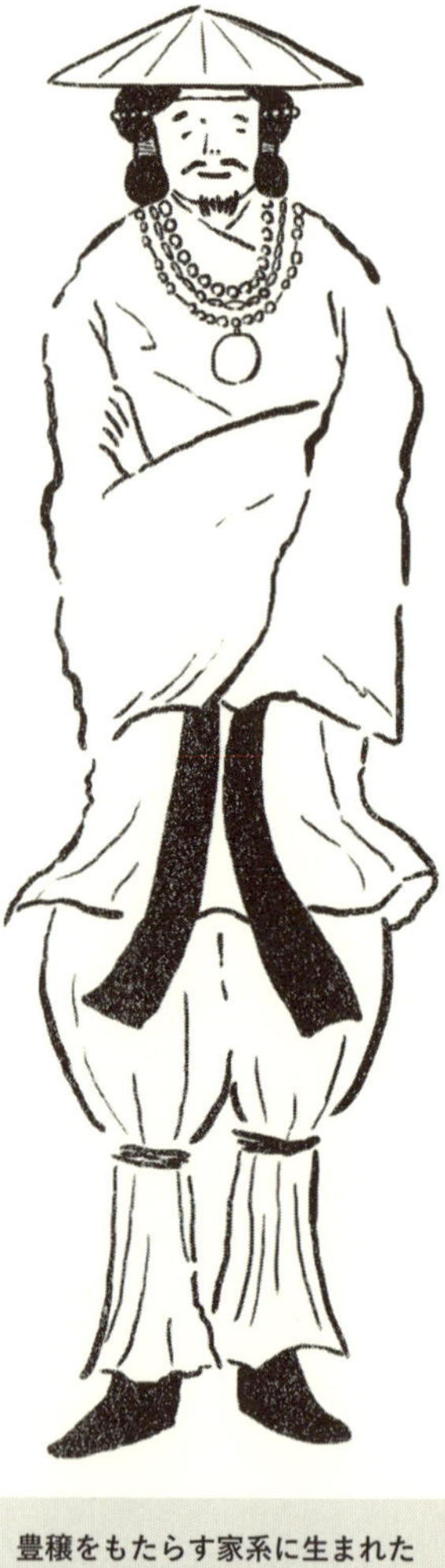

主なご利益

・諸産業降昌
・家内安全
・除災招福
・夫婦和合
・縁結び

豊穣をもたらす家系に生まれた子だくさんの神

須佐之男命と神大市比売の間に生まれた神様。須佐之男命は、すでに一度櫛名田比売命と結婚しており、神大市比売は、櫛名田比売命の妹で、二人目の妻。この二柱の間に生まれたのが、大年神と弟の宇迦之御魂神である。大年神も四人の妻との間に、二十四人もの子どもを作り、後の大国主命を誕生させている。

年に一度訪れて人々に恵みをもたらす実りの神様

「大」は、「たくさんの」「大きな」という意味です。**「年」**は、現代では「一年」という意味で使われる漢字ですが、もともとは、穀物が熟しているところを描いた象形文字で「実り」を意味します。「大年」とは、「大きな実り」「豊穣」を意味します。

弟の宇迦之御魂神（88ページ）についてはすでに述べましたが、「宇迦」が「うけ」という穀物あるいは食べ物を意味する和語であることから、稲の神様を指しています。大年の「年」も、熟した穀物を表しますので、こちらもまた稲の神様で、人々に豊穣を与えてくれる神として知られます。

また、大年神は年に一度、お正月に訪ねてきてくれる神様として信仰されています。年末に家をきれいに掃除するのも、注連縄《しめなわ》や門松、鏡餅を飾るのも大年神様を無事に出迎えるためです。失礼のないよう大掃除をした清潔な家で、注連縄と門松を目印にやってくる大年神様をお迎えし、神様が宿る鏡餅はお正月が終わったら食してそのパワーやご利益にあやかろうという習わしが現代にまで受け継がれています。

祀られている神社

- 下谷神社：東京都台東区東上野3-29-8
- 大歳御祖神社：静岡県静岡市葵区宮ケ崎町102-1

金運・商売の神様

玉祖命《たまのおやのみこと》

宝石、
仁（他人への愛）……玉
の力

その仕事や
教えを……祖
はじめた人

お告げ、
天からの使命……命

三種の神器の一つ
八尺瓊勾玉を作った神様

天岩戸神話に登場する玉造りの神様。その後も天孫降臨の際に邇邇芸命と高千穂に降り立ったことでも知られている。玉を司る神様であることから、宝石を扱う業種の守護として信仰されてきた。また、昔はレンズのことを玉と呼んでいたため、眼鏡やカメラの守護神ともされ、職人技術の向上などに御利益があると言われている。

主なご利益

・カメラ業守護
・レンズ業守護
・宝石業守護
・眼鏡業守護

神聖な霊力を宿した神々の依り代である「勾玉」を作る

「玉」は、もともとはしっとりした潤いのある光を放つ宝石ですが、他人への愛を十分にはらんだ「仁の力」を持つ人格のことも言うようになりました。玉祖命は、天照大神（18ページ）が天岩戸に隠れた際、八尺瓊勾玉《やさかにのまがたま》を作って献上した神様ですので、この玉は勾玉を指すのでしょう。そして**「祖」**は「示」と「且」が組み合わさって作られています。「示」は、神様の依り代です。「且」は、石を重ねた形を描いたもので、代々重なって行くことを意味します。

つまり玉祖命は、「神々の依り代となり、代々受け継がれていく勾玉を作った愛情深い神様」と言えるでしょう。

八尺瓊勾玉は「八尺」と書きますが、これは「大きい」ということ、また「八」は末広がりと言われるように、勾玉が発する力が四方八方に広がって行くことを意味したものです。また「瓊」は、「丹色」あるいは赤色のことです。勾玉の形については、月の形、胎児、太極図に見える陰陽を象った魚の形など諸説あります。摂津や河内などでは、瑪瑙《めのう》や翡翠など玉の材料となる石が採掘されました。玉祖命は、こうしたところで玉を造ってきた職人の祖神です。

祀られている神社

- 玉祖神社：大阪府八尾市神立5-5-93
- 石作神社：滋賀県長浜市木之本町千田793

金運・商売の神様

五十猛神《いそたけるのかみ》

数字の五、交差すること …… 五

全部をまとめること、数字の十 …… 十

激しい、たけだけしい …… 猛

理性では分からない不思議な力 …… 神

日本中に木々を植えた樹木の神様

五十猛神は須佐之男命の息子であり、高天原から追放されてしまった時に、ともに新羅の曽戸茂梨《そしもり》に降り立ち、日本に渡ってきた。高天原から降りて来た時に、たくさんの木の種を持って来て、日本中を緑にしたという。そして、大きく育った木で船を作り、新羅などの国々と交易ができるようにしたと言われている。

主なご利益

- 農林殖産
- 木材、建築業守護
- 漁業、造船業守護
- 航海安全

須佐之男命の激しさを受け継いだ力強い神

漢和辞典で**「五」**を引く時、部首は「二」です。この「二」の間に「×」を書いたものが「五」です。これは、指で数字を数えていって、また元に戻るように指を上げて行くということを意味しています。「十」は、数字の十を表しますが、もともとは、一本の縦棒「｜」の中心に「・」を付けたものでした。これは**「十」**をひとつのまとまりとして数えるということを意味します。ただ、「五十」で「いそ」と読み、これは「磯《いそ》」のあて字であると考えられます。**「猛」**は、「犭」と「子」「皿」で作られた漢字です。「皿」は、何かを閉じ込めたものを意味し、「子」はそれを撥ねのけるようにしていることを表しています。それに「犭」がついて、その撥ねのけ方が激しいことを意味するのです。ここでは須佐之男命（68ページ）の「激しさ」を譲られた息子ということを意味します。

つまり「五十猛神」は、波が打ち寄せる磯や須佐之男命から受け継いだ激しさをイメージさせる名なのです。しかし、五十猛神については、日本中に緑の木々を植えたり、八十神にいじめられていた大国主命（72ページ）を須佐之男命のもとへ導くなど、荒れ狂う激しさよりも、度量が大きく力強い姿が神話に描かれています。

祀られている神社

- 度津神社：新潟県佐渡郡羽茂飯岡550-4
- 五十猛神社：島根県大田市五十猛町2349-1

金運・商売の神様

大山津見神《おおやまつみのかみ》

大きな、偉大な ……
万物を生じるところ ……
水のうるおす所 ……
目で見る ……
理性では分からない不思議な力 ……

酒造や炭鉱も守護する
山を司る力を持った神様

『古事記』では伊邪那岐命と伊邪那美命の間の子で、『日本書紀』には火之迦具土神が死んだ時に生まれたと書かれている。木花佐久夜毘売命の父であり、娘が彦火火出見命を産んだときには、祝いの酒を造って神々に振る舞ったことから酒造の守護神とされているが、山の神様、炭坑の神様としても多く祀られた。

主なご利益

・山林守護
・農業守護
・航海守護
・漁業守護
・醸造守護

日本全体の山の支配者

「大」は、もともと人が大きな手を広げて大地に立っていることを表した漢字です。ここから、「大きいこと」「偉大であること」を表すようになりました。**「山」**は山の形を描いた象形文字ですが、とくに万物が眠っているところ、万物を生じる場所という意味もあります。**「津」**は、水がヒタヒタと流れ寄せる土地をいう漢字です。**「見」**は、じっと目で見つめることをいいます。

ただ、「山津見神」というのは、海の神様を「わたつみ神」というのと同じで、「山の神様」という意味で使われています。「つ」は、現代日本語の「の」の意味です。つまり日本全体の山を統括する神様です。

八岐大蛇を退治する話で、須佐之男命（68ページ）の妻となる櫛名田比売（56ページ）の父母である足名椎・手名椎の父親は大山津見神であると言われます。さらに、木花咲夜毘売命（48ページ）とその姉である石長比売《いわながひめ》の父でもあります。国土全体を山で覆われた我が国には大山津見神を祀る神社が約3000社以上もあると言われています。

祀られている神社

● 大山祇神社：福島県耶麻郡西会津町野沢字大久保1445-2
● 梅宮大社：京都市右京区梅津フケノ川町30

金運・商売の神様

波邇夜須毘古神《はにやすびこのかみ》・

波……頭から水をかぶる

邇……近い、身近

夜……昼を挟んでその中にある時間

須……顔の髭

毘古……男を意味する

神……理性では分からない不思議な力

波邇夜須毘売神《はにやすびめのかみ》

波……頭から水をかぶる

邇……近い、身近

夜……昼を挟んでその中にある時間

須……顔の髭

毘売……姫、女神

神……理性では分からない不思議な力

伊邪那美命の糞から産まれた
埴輪と陶芸の神様

伊邪那美命が、火之迦具土神を生んで瀕死の状態だった時にした糞から生まれた一対の神様。農作物を作るのに、化学肥料が使われるようになる以前は、糞尿が大切な肥料とされたことから、農業の神様として信仰を集めた。また、粘土を使って埴輪を作ったり、土を練る陶芸の世界の神様としても祀られている。

主なご利益

・開墾守護
・製陶業守護
・土木業守護

土と水を練り合わせた陶器で豊作を祈願する男女の神

「波」は、「水」を表す「氵」と「皮」からできています。「皮」の「又」の部分は、右手を表します。右手で「革」を頭からかぶるようにしているというのが「皮」のもともとの意味です。この字に「水」を表す「氵」がついて、水を頭からかぶるというのが「波」の本来の意味なのです。

「邇」は「爾」と「辶」が組み合わさってできています。「爾」とは、本来、紙や布にべったりとくっつけて捺す印鑑のことを表すものです。ここから「身近にいる人や物」を言うようになりました。「爾」に「おまえ」というような意味の「なんじ」という読み方があるのは、そのためです。さて、それに「辶」がつくと、「近くに行く」「近寄る」という意味になります。

「夜」は、人の両腋を描いたものがもともとの漢字ですが、これに「夕」を加えて、昼を挟んだ時、つまり「夜」を表したものです。

「須」という漢字の右側「頁」は、頭を意味します。それに「彡」がついていますが、これは「髭」です。

「波邇《はに》」は、古い和語で「粘土」、また「夜須《やす》」は「安」で「練ること」や「安定させること」を言った言葉です。

　ここから考えれば、波邇夜須毘古神と波邇夜須毘売神の二柱の神様は「水と粘着性のある土をゆっくり練って安定させ、陶器を作る」という農耕には不可欠な神様の名前を持っているのではないでしょうか。

　また、『日本書紀』には神武天皇（26ページ）の時、飛鳥の天香具山の社から神聖な土を持ち帰り、天平瓮《あまのひらか》（底が平らな杯）を作り、戦勝祈願をしたと記されています。

祀られている神社

● 榛名神社：群馬県高崎市榛名山町849
● 大井神社：静岡県島田市大井町2316

金運・商売の神様

天目一箇神《あめのまひとつのかみ》

天の神の命を受けて、人間界を治める者……天

ものを見る目、目印……目

数字の一……一

ものを数える時のことば、ものや場所を指すことば……箇

理性では分からない不思議な力……神

天照大神に刀斧を贈った鍛冶を司る神様

『古事記』によれば、邇邇芸命の天孫降臨に際して地上に降りた五神のうちの一柱とされ、鍛冶の神様とされている。一つ目は片目だけを開けているという意味で、鍛冶が、熱した鉄の色を見るために片目をつむっていたからとも言われる。天照大神が天岩戸に隠れた時に、刀斧などを造った神様である。

主なご利益

・金属工業
・農業
・漁業
・眼病守護

ひょっとこのモデルになった、ひとつ目の名鉄工

「天」は、人の頭上に大きく広がる天空です。
「目」は、顔にあるパーツの目の象形文字を、九十度回転させてできた漢字です。
「箇」は、竹冠と「固」を合わせて作ったものです。もともと「固」は、人の死体を入れた棺桶です。竹冠が付いて、個体を一つずつ数えるための言葉になりました。「目一箇」は、両目ではなく、目が一つということを意味します。

「天目一箇神」は、その名前からもわかるように、「片目をつむった、一つ目の偉大なる神様」であり、片目をつむっているところから、自分の作り上げたものを片目で鋭く見つめる職人気質な神様なのです。

ちなみに、鍛冶は竹筒やふいごを使って竈に空気を送り込んで炭を高温にしますが、口をすぼめて竹筒を吹き、片目を閉じている「火男」は天目一箇神で、これが「ひょっとこ」になったとも言われています。

祀られている神社

- 多度大社：三重県桑名市多度町多度1681
- 天目一神社：兵庫県西脇市大木町648

第四章

健康・長寿の神様

生きとし生ける者の命を生み出し、
限りある命を燃やす私たちが　いつも健やかであるよう、
近くにいて見守る神様は、
また命そのものでもあります。
その名を一文字一文字しっかりと理解することで、
そんな神様たちの
新たに見えてくる姿があるかもしれません。

健康・長寿の神様

伊邪那岐命《いざなぎのみこと》・伊邪那美命《いざなみのみこと》

天地の間を調和する ……

よこしま、くいちがい ……

たっぷり多い、あれ、これ ……

分かれる、枝道 ……

お告げ、天からの使命 ……

天地の間を調和する ……

よこしま、くいちがい ……

たっぷり多い、あれ、これ ……

神に捧げるふくよかな羊 ……

お告げ、天からの使命 ……

主なご利益

・延命長寿
・縁結び
・子孫繁栄
・夫婦円満
・出世開運

天と地を調和する一柱ではアンバランスな神様

「伊」は「人」と「尹」とが組み合わさってできています。「尹」の「ノ」を除いた部分は「右手」を、「ノ」は「棒」を表します。これは、この棒を天地の間に置いて「天地の間を調和する」という意味を持っています。まるで高天原と地上との間をつないだ「天の浮橋」のようです。

「伊」は、それに「人」がついて「天地の間を調和する人格」を表します。

地上の世界を作り上げた
国生みの神

『古事記』と『日本書紀』に登場する、夫婦の神様。まだ混沌として形を持たなかった地上の世界を天《あめ》の浮橋《うきはし》から天沼矛でかきまぜ、その矛から落ちたしずくが淤《お》能碁呂島《のうごりょしま》という最初の島になり、そこで数々の島と神々を生み出したと伝えられている。

「邪」は「牙」と「阝（邑）」で作られています。「牙」は、組木が噛み合った形を描いたもので、「阝」は「王や諸侯が治める領地」を言います。ただ「邪」は、「阝」の意味はほとんどなく「食い違っていること」「アンバランスなこと」を表します。「伊邪《いざ》」は、言うまでもなく、相手を誘う時、呼び掛ける時の「さぁ」というような言葉です。

「那」は、もともと「だぶついた大きな耳」を描いたものです。ここからたっぷり多いという意味で使われるようになりました。

「岐」は「山」と「支」で作られており、「枝分かれした山路」を表します。

「美」は「ふくよかで神に捧げるに相応しい犠牲としての羊」を言います。ただ、「那岐」は「凪《なぎ》」と同音で「穏やかで静かであること」を意味し、「那美」は「無《なみ》」で「無くす」ことを意味します。

人間の生と死も伊邪那岐命と伊邪那美命によって創られた

天地開闢のとき、まだ形を持たない混沌とした世界に「別天神」の次に誕生した「神世七代」の最初に現れたのが伊邪那岐命と伊邪那美命の二柱です。この二柱は夫婦で一対の神様で、たくさんの神様を生み出しました。ところが、伊邪那美命は、火之迦具土神（40ページ）を生んだ時の火傷が原因で亡くなってしまいます。

黄泉の国に行ってしまった伊邪那美命のことが忘れられない伊邪那岐命は、妻を迎えに行くのですが、伊邪那美命の身体は腐ってウジが湧き、醜い姿になってしまっていました。これを見て怖れた伊邪那岐命は逃げ出してしまいます。

伊邪那美命は、怒って「そうやって逃げるのならば、私は一日に千人の人を殺してやろう」と言いますが、伊邪那岐命はこれに応えて「ならば、私は一日に千五百の産屋を建てて子を産ませよう」と言うのです。

夫婦それぞれ、こちら側の世界と黄泉の世界の神様に

伊邪那岐命は黄泉の国の穢れを落とすために禊ぎを行いましたが、その時に天照大神（18ページ）、月読命（38ページ）、須佐之男命（68ページ）が生まれて来るのです。

また伊邪那美命は、黄泉の国に留まって、人の死を司る神様になりました。「伊邪那岐命」の「那岐《なぎ》」が「人の世を安定させること」、「那美《なみ》」が「人の命を無くすこと」と無関係でないことは明らかでしょう。

祀られている神社

- 自凝島神社：兵庫県南あわじ市榎列下幡多415
- 多賀大社：滋賀県犬上郡多賀町多賀604

健康・長寿の神様

蛤貝比売《うむぎひめ》・𧏛貝比売《きさがいひめ》

はまぐり……蛤

かい……貝

ならんでいる……比

自分が持っているものと交換して、価値あるものを得る……売

赤貝……𧏛

かい……貝

ならんでいる……比

自分が持っているものと交換して、価値あるものを得る……売

主なご利益

- 病気平癒
- 出世開運
- 所願成就

特別な生き物として神格化された「蛤」と「赤貝」

「蛤」「𧏛」ともに「虫偏」が書かれていますが、これは、今、我々が「ムシ」と呼ぶ6本足の昆虫とは異なります。古くは「虫」は「ヘビ」や「ナメクジ」のようにニョロニョロしたものを指していました。「合」や「討」は、それぞれ「コウ」「トウ」という貝の種類の名前を表したものです。

出雲の国造りの神を救った
高い治癒能力を持つ対の神様

別天神の神皇産霊尊《かんみむすひのみこと》の娘であり、『古事記』に記述のある姉妹の神様。『出雲国風土記』では、それぞれ「宇武《うむ》賀比売命《かひめのみこと》」と「支佐加比売命《きさかひめのみこと》」と表記されている。蛤の汁と赤貝を削った粉を合わせて大国主命の火傷を治療したと言われている。

ただ、「蛤」は、古来から不思議な動物として扱われて来ました。たとえば儒教の経典『礼記』には雉子《きじ》が大水の中に入ると蛤に変身し、その蛤が大蛤になると、口を開いて蜃気楼を作ると記されています。また、蛤や赤貝の貝を削った粉末は、切り傷や痔の薬として、古くから使われていました。

「比」は「ならぶ」という意味で、誰かとともにいることです。**「売」**は、何かの代償として、あるいは自分が持っているものを与えて、その代わりに何かを得るということを表しますが、「比売」と合わせ書いて女性の敬称を表します。

「蛤貝比売」と「蚶貝比売」の名前は、神秘的な生き物である蛤と赤貝を、出雲神話に欠かせない大国主命（72ページ）とともにあってサポートする役割の姉妹の神様として神格化したものでしょう。

因幡の白兎を助けたやさしい大国主命

大国主命には、八十神《やそがみ》というたくさんの兄弟がありました。この八十神達は、八上比売《やがみひめ》に求婚するために、出雲に降りて来るのですが、大国主命は彼らの荷物持ちとして遣われていました。その道すがら、大国主命は、傷ついた兎を治したりするのですが、その兎に「あなたの求婚は成功しますよ」と言われます。

じつは、大国主命も兄弟の八十神達と同じように八上比売を妻にしたいと考えていたのです。そして、八上比売は、兎の予言通りに、八十神の求婚を断り大国主命の妻になります。

大国主命の蘇生に尽力した蛤貝比売と蚶貝比売

ところが、これを快く思わない八十神達は、「イノシシを落とすから下で受け止めよ！」と大国主命に命令しながら大きな焼いた岩を落とし、大国主命を殺してしまいます。

これを可哀想に思った大国主命の母親・刺国若比売が、蘇生のために派遣したのが、蛤貝比売と蚶貝比売です。彼女たちは貝殻を削り、水で練り合わせて薬を作ると、大国主命に塗って生き返らせるのです。

ただ、この後も、再び大国主命は八十神たちに殺されてしまいます。

そして、母親と蛤貝比売と蚶貝比売の力によって再度、蘇生した大国主命は、須佐之男命（68ページ）の神宝である生大刀、生弓矢で八十神達を退治することになるのです。

蛤貝比売と蚶貝比売は、大国主命を生き返らせることに力を尽くした女神です。

祀られている神社

- 岐佐神社：静岡県浜松市西区舞阪町舞阪1973
- 法吉神社：島根県松江市法吉町582（蛤貝比売）

健康・長寿の神様

伊奢沙別命《いざさわけのみこと》

天地の間を調和する……伊
ぜいたく……奢
とても細かい石、砂原……沙
わかれる、はなればなれになる……別
お告げ、天からの使命……命

名前のお礼に応神天皇にイルカを与えた海と食物の神

「伊奢沙別命」とは、応神天皇となる皇太子の名だったが、従者である武内宿祢《たけしうちのすくね》の夢に誉田別命《ほむたわけのみこと》が現れ、伊奢沙別命と名前を交換したいと告げたため、名を取り替えた。この時、鼻の傷ついたイルカが集ったと言われる。これは、応神天皇の時代に日本は大陸から学問を輸入し、新たな文化を形成したことを暗喩していると考えられる。

主なご利益

- 無病息災
- 五穀豊穣
- 大漁祈願
- 航海安全

皇太子と名前を交換した変化を呼び起こす神様

「伊」は、天と地の間にいて、その間のことを調和することを意味する漢字です。**「奢」**は、「大」と「者（者の旧字体）」が合わさって作られています。「者」は、本来「煮」と同じ意味の漢字で、煮て料理を作ることを意味します。これに「大」がついた「奢」は、必要以上に料理を作ること、また作っている料理を大げさに見せることから、「ぜいたくをする」「ぜいたくにみせる」ことを意味する漢字となりました。ただ、「伊奢（いざ）」は「相手を誘う時、呼び掛ける時の「さぁ」というような呼びかけの言葉を意味します。**「沙」**は「水」を象徴する「氵」と「少」の漢字が合わさってできています。これは水に洗われて小さくバラバラになった砂を表したものです。**「別」**は、左側の部分は「固まったもの」を表し、右側の「刂」は刀を表します。固まったものを刀で切って、別れ別れにしてしまうことを意味します。「沙別」で「さわけ」と読みますが、これは「別のものになれ」という意味でしょう。**「命」**は「天から与えられた使命」です。

かくして、「伊奢沙別」とは「いざ、さわけ」で、「さあ、別のものになりなさい」ということを意味するのだろうと考えられます。

祀られている神社

- 氣比神宮：福井県敦賀市曙町11-68
- 剣神社：福井県丹生郡越前町織田113-1

健康・長寿の神様

塩椎神《しおつちのかみ》・綿津見神《わたつみのかみ》

- 塩……潮、食べるお塩
- 椎……木で作られた槌
- 神……理性では分からない不思議な力
- 綿……長く繋がっているもの
- 津……水のうるおす所
- 見……目で見る
- 神……理性では分からない不思議な力

主なご利益

・航海安全
・延命寿命
・病気平癒
・安産
・漁業繁栄

困った時に道案内をしてくれる白髪のお爺さん

「塩椎神」の**「塩」**は、旧字体では「鹽」と書かれます。これは、皿でじっくり煮て結晶となったものを「鹵」という漢字で表したものです。**「椎」**は、「木」と「隹」でできていますが、「隹」は、「ずんぐり」したものを表し、木製の槌を意味します。ただ、「しおつち」の神は「潮つ路」で、つまり「海路」を表します。**「神」**は人智を超えた自然の力を意味しますので、「塩椎神」とは、名実ともにまさに海路を神格化し、海上の安全を見守る、安全な海路を案内する神様と

兄の釣り針を失くした
山幸彦を救う道案内人と海の神

『古事記』と『日本書紀』の山幸海幸神話に登場する二柱の神様。「塩椎神」は別名を「塩筒老翁神《しおつつおじのかみ》」や「塩竈《しおがま》さん」と呼ばれ、塩造りの神様でもある。「綿津見神」は伊邪那岐命と伊邪那美命の神生みによって生まれた代表的な海の神様。

言えるでしょう。

浦島太郎のモデルになった山幸彦の物語

山幸海幸神話では、ある日、山幸彦が海で釣りをしているときに、釣り針をなくしてしまいます。兄の海幸彦から借りた釣り針だったので、とても困っていると、塩椎神が現れて、無目《まなしか》籠《たま》という不思議な乗り物を用意してくれて、これに乗っていれば潮の流れに沿って「海神宮」に行くから、そこで待っていれば、海神が助けてくれるだろうと言ったというのです。その流れ着いた先で山幸彦を助けてくれたのが「綿津見神」でした。

また、塩椎神が案内したのは山幸彦だけではありません。『日本書紀』によれば、神武天皇（26ページ）の東征は、治めるにいい場所を探していた神武天皇に塩椎神が大和の場所を教えたことで、決意されたことだと記されています。

また一説によれば天孫降臨で邇邇芸命（１０６ページ）が笠狭崎に降臨した時、事勝因勝長狭神《ことかつくにかつなぎさのかみ》が、邇邇芸命に国を奉ったと言われますが、この事勝因勝長狭神こそ、塩椎神であり、また伊邪那岐命（１３０ページ）の子であるとされます。

竜宮城にいる、海の神様「綿津見神」

「綿津見神」の**「綿」**は「糸」と「帛」が組み合わさってできた漢字です。これらはどちらも、「ずっと長く繋がっているもの」を意味します。**「津」**は、水がヒタヒタと流れ寄せる土地をいう漢字です。**「見」**は、じっと目で見つめることをいいます。ただ、「綿津見」の「わた」が「茫洋と広がり止まることがないこと」、また「み」は「海」で、「どこまでも続く果てしない大きな海」を表します。そこにいる神が綿津見神なのです。

綿津見神は『古事記』では、伊邪那岐命と伊邪那美命の神生みによって生まれた一柱であると記されています。綿津見神の娘である豊玉媛の美しさに一目惚れしてしまった山幸彦は別名を彦火火出見命（76ページ）と言いますが、天照大神（18ページ）のひ孫でもあったため、綿津見神に歓迎され、豊玉媛との結婚を認めてもらうのです。

祀られている神社

- 鹽竈神社：宮城県塩竈市一森山1-1（塩椎神）
- 海神社：兵庫県神戸市垂水区宮本町5-1（綿津見神）

健康・長寿の神様

伊斯許理度売命《いしこりどめのみこと》

天地の間を調和する …… 伊

割く、離す …… 斯

固めて整える …… 許・理

ものさし、おきて、きまりごと …… 度

自分が持っているものと交換して、価値あるものを得る …… 売

お告げ、天からの使命 …… 命

主なご利益

・延命長寿
・鉄鋼、金物業の守護
・産業開発

天照大神を誘い出すため八咫鏡を作った女神

天照大神が天岩戸に隠れた際、八咫鏡《やたのかがみ》を作った女神。現在、八咫鏡は伊勢神宮に祀られているとされる。『日本書紀』には、伊斯許理度売命は、日前神宮のご神体である日像鏡《ひがたのかがみ》や国懸神社のご神体である日矛鏡《ひぼこのかがみ》の他に矛やふいごも作ったと言われている。

ものづくりにおける霊的な力を神格化した神様

「伊」は、天地の間を調和する人格を持ったものを意味します。また**「斯」**は「斤」という「斧」を表す漢字がついていることから、なにかを「切り裂く」また「離す」という意味です。ただし、ここでは「伊斯」で「石」を表す万葉仮名として使われています。同じように、次の**「許理」**は「凝り」を表す万葉仮名です。「固めて整える」という意味で「許」と「理」の漢字が使われていることも、必ずしも無関係ではありません。また「凝り」は、「精通した」という意味でも使われます。**「度」**は「節度」という熟語で使われます。これは、もともと、長さなどを測る「ものさし」を表す漢字で、そこから「決まり事」を表すようにもなりました。

つまり「伊斯許理度売命」とは、石の鋳型を用いて、鏡を鋳造することに精通した年齢の高い女性の神様の姿を表現した名だと考えられます。

伊斯許理度売命が作った八咫鏡は、八尺瓊勾玉と草薙剣と並ぶ三種の神器です。天照大神（18ページ）は、この八咫鏡に映った自分の姿を見るために、天岩戸を開けて出て来たとも言われます。天孫降臨に際して天照大神は、この鏡を自分の御魂として崇めるようにと、邇邇芸命（106ページ）へ八咫鏡を送りました。

祀られている神社

- 鏡作坐天照御魂神社：奈良県磯城郡田原本町大字八尾字ドウズ814
- 中山神社：岡山県津山市一宮695

健康・長寿の神様

邇芸速日命《にぎはやひのみこと》

近い、身近 …… 邇

手を加えて穀物を栽培する …… 芸

すみやか、まねく、よぶ …… 速

太陽、明らか …… 日

お告げ、天からの使命 …… 命

主なご利益
- ・病気平癒
- ・呆け除
- ・呪術の神
- ・飛行機の神

天磐船《あまのいわふね》に乗って大和に降り立った神様

初代神武天皇が東征したときに出会った天津神（高天原の神様）。天孫降臨とは別で大和の地に降り、すでにその地を治めていた長髄彦《ながすねひこ》の妹と結婚する。義兄弟である長髄彦は邇芸速日命に忠誠を誓っていたが、邇芸速日命が仕えるべき高い身分である神武天皇が降臨した際、長髄彦が神武天皇に敵対したため、長髄彦を討った。

物部氏の祖神

「邇」は「爾」と「辶」が組み合わさってできています。「爾」とは、本来、紙や布にべったりとくっつけて捺す印鑑のことを表すものです。ここから「身近にいる人や物」を言うようになりました。「爾」に「おまえ」というような意味の「なんじ」という読み方があるのは、そのためです。さて、それに「辶」がつくと、「近くに行く」「近寄る」という意味になります。**「芸」**は、旧字体では「藝」と書きました。これは、「園芸」などの熟語に使われるように人が両手を差し伸べて植物を手で植えていることを表した漢字です。ただ、「邇芸（ニギ）」は、二文字を組み合わせて「にぎやかであること」、「繁栄すること」を意味します。**「速」**は、木の枝をまとめて縛り、間を縮めるという意味から転じて、「招く」「呼ぶ」ことを表しています。**「日」**は、太陽を描いた象形文字ですが、太陽の光に照らされて見るように、とても明らかであるという意味もあります。

したがって、「邇芸速日命」とは、「あなたの近くに寄り添って素早く繁栄させますよ」という意味の名を持つ神様なのです。

祀られている神社

- 石切劔箭神社：大阪府東大阪市東石切町1-1-1
- 飛行神社：京都府八幡市八幡土井44

健康・長寿の神様

武内宿祢《たけしうちのすくね》

勇ましく前進する歩み …… 武

覆いの中に入れる …… 内

家の中で人がゆっくり休む …… 宿

父親のお墓 …… 祢

360年生きて六代の天皇に仕えたとされる名臣

『日本書紀』には「武内宿祢」、『古事記』では「建内宿祢」として登場する人物神。第八代孝元天皇の曽孫だとされている。328年間かけて景行、成務、仲哀、神功皇后、応神、仁徳と六代の天皇に仕え、享年は360歳。この年齢から、実在した人物ではないか、あるいは複数の人間がこの名前を継いだのではと推測される。

主なご利益

- 健康長寿
- 金運
- 必勝祈願
- 勝運
- 出世開運

大和朝廷初期に活躍した日本最高齢の神様

「武」という漢字は、「足」と「戈」が組み合わさって作られています。これは、武器である「戈」を持って堂々と進んで行くことを表した漢字です。**「内」**は、現代では「冂」と「人」が書かれていますが、古くは「人」ではなく「入」という漢字が書かれていました。これは「冂」が、内裏などで見られる布製の御簾などに、人が入る、あるいはそういう人を入れるということを表したものです。**「宿」**は、「宀」「人」「百」から作られています。「屋根」を意味する「宀」の中に「人」が入るのです。そして「百」は、「お尻をゆっくり下ろして落ち着く」ことを意味します。**「祢」**は、「ネ（示）」が神様などの依り代を表します。右側はもともと「爾」という難しい漢字が簡略化されたものですが、「爾」は「近い」ことを意味する漢字で、ここから自分より最も近い先祖ということで「父親のお墓」を意味します。ただ、「宿祢」は、当時、武人や行政官を表す称号として使われていました。

また『古事記』には「建内宿祢」と書かれています。「建」は「聿」が「筆」をまっすぐ縦に立てた状態を表し「廴」は進むことを表します。「建」は「堂々と躍進すること」を意味します。こうした漢字からすると「武（建）内宿祢」は、「堂々と内裏（天皇の私的区域）へ進みながらも常に神様たちに寄り添っている」という意味になるでしょう。

夫を亡くした神功皇后を支えた

三六〇年生きたとされるその寿命の長さから、実在した人物ではないという説もありますが、『日本書紀』などによれば、神功皇后（66ページ）のよき補佐官であったことは確かでしょう。

神功皇后は、第十四代仲哀天皇の皇后ですが、ある時、住吉神から新羅を授けるとの神託を得ました。これを仲哀天皇に伝えますが、仲哀天皇は全く信じません。怒った住吉神は、仲哀天皇を殺してしまいます。はたして、武内宿祢は、再度、住吉神に託宣を乞い、新羅出兵の神託を受けるのです。

神と通じる霊力を持つ謎の多い家臣

また、他にも武内宿祢には不思議な話がたくさんありますが、次のようなものもあります。ある日、神功皇后が、松浦で鮎釣りをした後、神に捧げるお米を作るための神聖な田を作ろうとして、水を引く溝を作っていました。ところが、大きな岩があって水を通すことができません。神功皇后は、武内宿祢を呼んで神に祈らせました。すると、突然雷鳴が轟き、雷が落ちて、岩を砕いたのです。武内宿祢は、巫《ふ》としての力もあったのでしょう。

どのように亡くなったのかは分かっていませんが『因幡風土記』には、因幡金亀に下向した際、行方が分からなくなり、二足の履《くつ》を遺して死んだとか、尸解仙《しかいせん》という方法でこの世を去ったとも言われます。

武内宿祢は「忠臣」ということから明治、大正、昭和の三代にわたって五度、日本銀行券の肖像として使われました。七男二女を生んだ紀氏、巨勢氏、平群氏、葛城氏、蘇我氏の祖ともされ、長寿の神様、厄除けの神様として祀られています。

祀られている神社

- 高良大社：福岡県久留米市御井町1
- 氣比神宮：福井県敦賀市曙町11-68

健康・長寿の神様

志那都比古神《しなつひこのかみ》

心が欲する物をまっすぐに……志

たっぷり多い、あれ、これ……那

あつめる、あつまる……都

男を意味する……比古

理性では分からない不思議な力……神

人の営みにとって重要な風を司る神様

伊邪那岐命と伊邪那美命の神生みで生まれた風の神様。あるいは、伊邪那美命が朝霧を吹き払った息から生まれたとも言われる。『日本書紀』には「級長津彦命《しながつひこのみこと》」と記され、風は海路を行く人々にとってとても重要なものであり、そして暴風は、自然災害をもたらすため神格化され、大切に祀られている。

主なご利益

・病気平癒
・長寿
・五穀豊穣
・運気上昇
・漁業、航海守護

神の息＝風を象徴し、戦や作物の出来を左右する神

「志」は、「士」と「心」が組み合わされてできた漢字です。「士」を時計回りに九十度回転させて見て下さい。弓矢を放つような形になります。矢を狙ったものに対して真っ直ぐに飛ばすこと、またそれを心で行うことが「志」です。**「那」**は、もともと「だぶついた大きな耳」を描いたものです。ここからたっぷり多いという意味で使われるようになりました。**「都」**は、ふつうは「みやこ」と読みますが、これは、もともとは「人々が集まってくる」ということから派生した意味です。**「比古《ひこ》」**は男性の神様であることを表します。

つまり「志那都比古神」とは、「弓矢を放つようにまっすぐで、たっぷりと広い心を持ち、人々とともにある男の神様」ということになるでしょう。

志那都比古神は、「神風」の神様だとも言われます。一二七四年の文永の役、一二八一年の弘安の役、つまり元寇の時に神風が吹いて蒙古軍の船団を混乱に陥れ、奇跡的に勝利を得たのは、志那都比古神のお陰だと言われ、以降、国家鎮護の神様としても祀られるようになります。風邪を治す神様としても知られています。

祀られている神社

- 伊勢神宮(外宮)：三重県伊勢市豊川町279
- 龍田大社：奈良県生駒郡三郷町立野南1-29-1

健康・長寿の神様

少名毘古那神《すくなびこなのかみ》

わかい、たりない……少

自分が誰かはっきりさせること……名

そばについて輔佐する……毘

髪飾りをつけた頭、特徴的な頭……古

たっぷり多い、あれ、これ……那

理性では分からない不思議な力……神

主なご利益

・病気平癒
・産業開発
・国土平安
・知恵授け

とっても小さいけどものすごく優秀な神様

神産巣日神の息子である少名毘古那神は、常世の神として医薬などにも精通していたとされている。また酒造りの神としても知られるが、これは酒が古代では薬と考えられていたからである。大国主の命が病に侵された時には、温泉に連れて行き回復させるが、若くして亡くなってしまったと言われている。

大国主命の義兄弟として大和の国造りを手伝う

「少」は、「川」に「ノ」が付いてできた漢字です。これは「川」が削られて、陸が少なくなることをもともとは意味します。ここから「足りない」という意味で使われるようになり、まだ大人としての「年齢」が足りない人のことを「少年」というようになりました。**「名」**は、「夕」と「口」が組み合わさっています。「夕」は、たそがれて向こう側にいる人が誰なのか分からない時のことです。そんなときに「口」に出して、自分が誰かを告げることを「名」と言います。「はっきりわからないものをわからせる」のが「名」なのです。「少名」とは、「名とするのに、何か足りない」すなわち、本当だとするには少し足りないというような意味を表します。

出雲国で国造りをしている大国主命（72ページ）のところに、鵝《ヒムシ》の皮を着て天乃羅摩船《あめのかがみのふね》に乗った小さな人がやってきました。誰かと訊いてみると、自分は神産巣日神の子どもで、とても小さいので、神産巣日神の指の間から洩れて、出雲に流されてきたのだというのです。大国主命は、この話をはじめは信じませんでした。しかし、神産巣日神に直接訊ねると、それに間違いないと言います。ここで二人は、義兄弟となって、国造りをしたのでした。

祀られている神社

- 少彦名神社：大阪府大阪市中央区道修町2-1-8
- 今宮神社：東京都文京区音羽1-4-4

金運・商売の神様

高倉下《たかくらじ》

高い場所、崇高であること……高

食糧を蓄えるところ……倉

した、ひくいところ……下

神武天皇を救った倉庫の神様

神武天皇の東征の難関に現れた神様。神武天皇が熊野まで進んだ時、悪神が、毒気を全軍に浴びせ、兵士たちは次々と倒れ、神武天皇の志気も弱まってしまった時に高倉下が現れ、神武天皇に太刀を献上した。すると、神武天皇と全軍は、ふたたび活力を取り戻し、一気に熊野の地を征服したと言われている。

主なご利益

・延命長寿
・倉庫守護

夢のお告げに従い、太刀を届けた救世主

「高」はもともと「高」と書かれていました。屋根があり階段か梯子で上らなければならない高い建物を意味します。また、高い建物に住むのは身分の高い人ですから、ここから「崇高である」という意味が派生しました。**「倉」**は、「食」と蓄える場所を描いた「口」が付いてできた漢字です。つまり食べ物を蓄える場所が「倉」なのです。**「下」**は、「上下」の「下」で、低いところを表します。ただ、この「高倉下」という名前の場合、「クラジ」で「倉主」、つまり「倉庫を守る人」という意味で使われています。身分の高い、あるいは崇高な倉庫守護という意味の神様です。

ある夜、高倉下は、夢を見ます。高天原で、天照大神（18ページ）と高木神が、葦原の中津国が騒がしいので建御雷之男神（166ページ）を遣わそうとすると、建御雷之男神が「自分が行かなくても、布都御魂《ふつのみたま》を降ろそう」と言って「高倉下よ、倉の中にこれを置くから、それを取って神武天皇（26ページ）に献上せよ」と言われたのです。はたして、高倉下は、夢のお告げの通りにこれを神武天皇に献上したのが「布都御魂」という太刀です。神武天皇と全軍の命を救ったことから、延命長寿、また開運招福、さらに倉の守護神としての御利益があると言われています。

祀られている神社

- 高倉神社：三重県伊賀市西高倉1050-2
- 高座結御子神社（熱田神宮境外摂社）：愛知県名古屋市熱田区高蔵町9-9

第五章

学問・技芸向上の神様

八百万の神様たちの中には、
個性的な神様がたくさんいるように、
それぞれ得意分野を持った神様もいます。
勉学を司る神様もいれば、スポーツを守護する神様、
また、文芸、芸能から料理まで。
あらゆる才能と努力を
神様たちは見守っているのです。

学問・技芸向上の神様

天児屋命《あめのこやねのみこと》

人の頭上に大きく広がる天空……天

幼い子ども……児

屋根のある建物……屋

お告げ、天からの使命……命

宮中の祭祀を取り仕切った中臣氏の祖神

天岩戸神話に登場する男神。天孫降臨で邇邇芸命と地上に降りてからは祭事を司る神として知られている。また中臣氏の祖先でもある。中臣氏は中臣鎌足（六一四〜六六九）の時に「藤原」の姓を賜るため、すなわち、藤原家の祖先として祀られるが、学業成就、所願成就の御利益がある神様とされている。

主なご利益

- 学業成就
- 諸願成就
- 受験、入試合格
- 国家安穏
- 開運厄除

天照大神が姿を現すよう美しい声で祝詞を上げた

「天」は「大」という漢字の上に「一」が書かれた漢字です。「大」は、人が両手を、地面に水平にして立っているところを描いた象形文字です。そして「天」の第一画、「一」は人の頭上に、水平に広がっている「空」を意味します。**「児」**は、旧字体では「兒」と書かれました。これは、大きな頭をしてまだ頭蓋骨が合わさっていない時の小さな子どものことを表します。**「屋」**は「上から覆いをして、空間を作った小さな建物」を意味します。

ただ「こやね」は、「ことあやね」が本義で「言綾根」で「美しい言葉の出る根本」あるいは「美しい言葉の出る場所」を表します。

天岩戸に隠れてしまった天照大神（18ページ）が再び姿を表すようにと、布刀玉命（164ページ）が祈ったと記しましたが、一緒に祝詞を上げた神様が、天児屋命です。天児屋命は、美しい言葉で祝詞を上げました。布刀玉命とともに、邇邇芸命（106ページ）が高天原から降臨した時につき従った五部神のうちの一柱です。その時の美しい声が名前の由来になっているのでしょう。

祀られている神社

- 春日大社：奈良県奈良市春日野町160
- 大原野神社：京都市西京区大原野南春日町1152

学問・技芸向上の神様

久延毘古神《くえびこのかみ》

永く、遥か …… 久

人を案内してくれる …… 延

男を意味する …… 毘古

理性では分からない不思議な力 …… 神

なんでも知っている博識な神様

『古事記』に書かれた出雲国の神話に出て来る神様。ある日、大国主命が出雲の岬から海を見ていると、蛾の着物を着た神様が船でやってくる。大国主命はそれが誰か分からず、周りにも訊ねるが誰も答えられず、久延毘古神に訊ねると、それは「少名毘古那神だ」と答えたと言われている。

主なご利益

・学業向上
・合格成就
・就職成就
・農業守護

田畑を見守るカカシを神格化

「久」は、クネクネと曲がりながら山から下りてくる長い川を描いた漢字です。**「延」**は、足を表す「止」と、その足がすでに行き届いていることを表す「ノ」、そして足がのびて行くという意味の「廴」の三つでできています。「物事を成し遂げるまでずっと努力を続ける」、あるいは「人を案内して目的地までたどり着くようにする」などの意味もあります。ただ、「久延」の「くえ」は「崩れた」という意味の和語だとされます。また、**「毘古」**は、「彦」で、「男」を意味します。

つまり「久延毘古」は、身体の崩れた男で、『古事記』には一本足のカカシであると記されます。

さて、久延毘古神は、「足は行かねど、ことごとに天の下の事を知れる神」と言われ、つまり一歩も歩くことができないカカシであるが、いつも立って人の話を聞き、また天下を見渡し、あらゆることを知っている神様であると言われます。

カカシですから農業を守る神様、そして何でも知っていることから学問の神様としての御利益があると言われます。

祀られている神社

● 久延彦神社：奈良県桜井市三輪1422

学問・技芸向上の神様

布刀玉命《ふとだまのみこと》

ぬの、広く行き渡らせる……布

かたな、ゆったりとした曲線をしたもの……刀

宝石、霊、優れて美しいもの……玉

お告げ、天からの使命……命

主なご利益

・技術向上
・学業向上
・事業繁栄
・占い守護

天照大神が天岩戸から出て来ることを祈った神様

邇邇芸命が高天原から降臨する時につき従った「五部神」の一柱。天照大神が天岩戸に隠れた時、布刀玉命は、榊を供物として供え、出て来るように祈ったことから、布刀玉命は祝詞を上げる神主の起源であるとされ、また「玉串」や「七五三縄」など、神様への祈りに欠かせない道具を作った神とされている。

布のように広く伸びやかで、玉のように美しい精神の持ち主

「布」は、平に伸びて着物を作るための、麻でできた布を表します。ただ「布陣」「布教」など、麻製の布だけを指すのではなく、広く世の中に行き渡らせることも意味する漢字です。**「刀」**は、現在は刃のある武器を意味しますが、もともとは「舟」の形を描いた象形文字です。これは、船底がゆったりと曲線を描いていて、それが後世、「刀」の曲線とよく似ていることから「刀」の意味で使われるようになったのでした。この二文字を組み合わせた「布刀」は、あて字で「太い」ということを表す万葉仮名です。「太」というのは、たっぷり豊かであるということを表します。それに続く**「玉」**は、堅くて、質が充実した宝石です。また、美しい精神を持つ人のことを喩える言葉としても使われます。

「布刀玉」とは「大きくてたっぷりと豊かな美しい宝石、あるいはそういう精神を持ったもの」を表すことになるでしょう。

そして「布刀玉命」は、「そうした立派な精神をもって神からのお告げを聞き、実行に移すことができる神様」なのです。

祀られている神社

- 安房神社：千葉県館山市大神宮589
- 天津神社：新潟県糸魚川市一の宮1-3-34

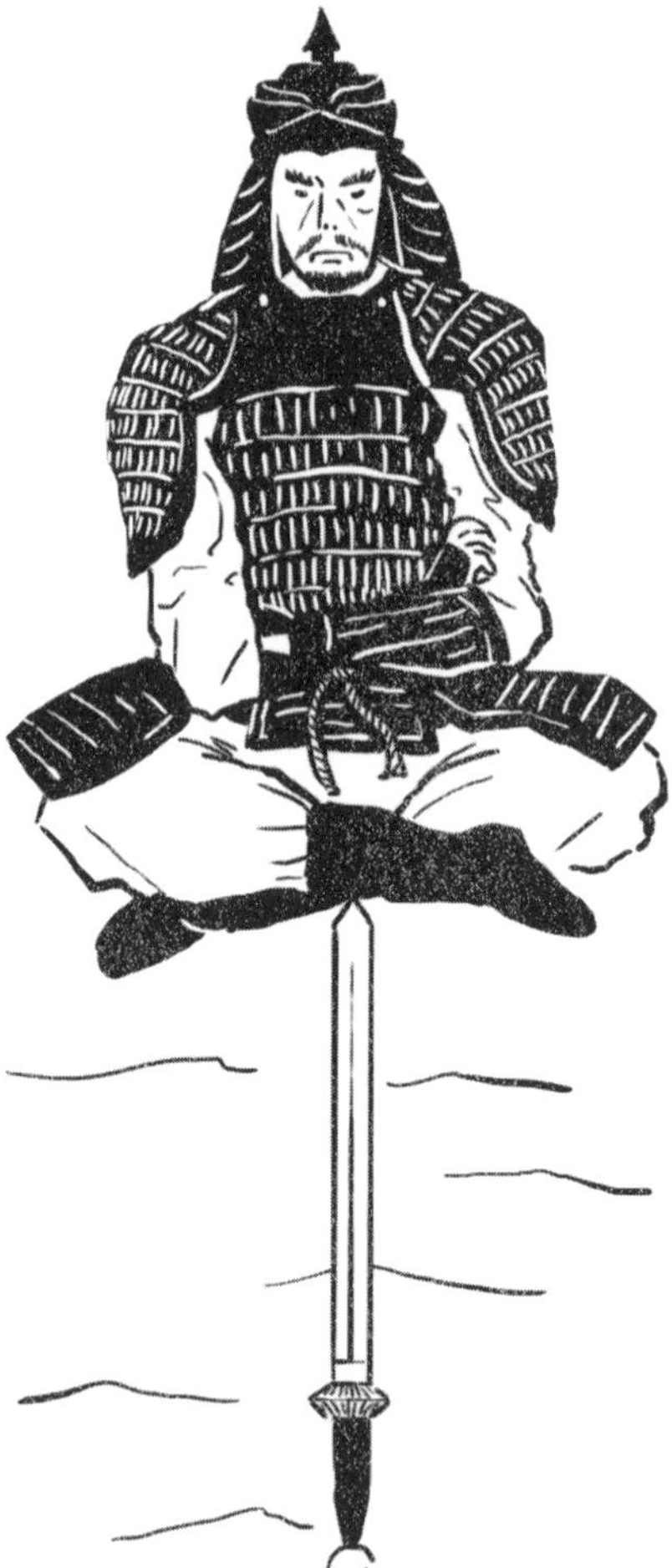

学問・技芸向上の神様

建御雷之男神《たけみかづちのおのかみ》

しっかりと丈夫である……
治める、使いこなす、はべる、そばに仕える……
ゴロゴロと音を立てて鳴る雷……
近いものを指し示す……
力のある立派な男……
理性では分からない不思議な力……

火之迦具土神の血から生まれた雷神

伊邪那岐命が、妻の伊邪那美命を殺したと言って火之迦具土神を斬って殺した時に生まれた神様。伊邪那岐命が火之迦具土神を斬った刀は、天之尾羽張《あめのおはばり》といい、国宝として、現在も茨城県鹿嶋市の鹿島神宮に祀られている。建御雷之男神は、天之尾羽張の息子で、この刀には建御雷之男神の霊力が宿っていると言われている。

主なご利益

・武芸守護
・厄難消除
・国家鎮護
・病気平癒

十拳の剱の霊力で戦う武の神様

「建」は、古代は「健康」の「健」とも同じ意味で使われました。頑丈であること、しっかりと足を地に着けて立っていることを表す漢字です。**「御」**は、「杵」と、それをついている人を表す「卩（人）」からできた漢字です。「杵をついて柔らかくする」ことがもともとの意味ですが、ここから「物事を平らかにしてなだめ、おさめる」という意味になりました。馬に乗ることを「御」と言いますが、これは暴れてどこに進んで行くか分からない馬を、なだめて、思い通りのスピードで、正しい方向に行かせることなのです。**「雷」**は「雨」と「田」が組み合わさって作られています。いうまでもなく自然現象の「カミナリ」のことですが、この「田」は、雷鳴を表します。俵屋宗達が描いた「風神雷神図」の雷神は背中に太鼓を背負っていますが、この太鼓が「田」という漢字になったものです。

ちなみに「電」という漢字は「田」の縦棒の部分が一本長く伸びて撥ねた形になっています。これは、雷鳴ではなく、稲妻が地上に降り注ぐ形を描いたものです。

「之」は雷という字を強調するもので、**「男」**という漢字は、力のある男が、農耕具を使っている姿を表しています。

つまり、「建御雷之男神」とは、その名の通り、「頑丈で、雷を司り、物事をなだらかにおさめる、力強い男の神様」なのです。

国譲り神話で活躍したかなりの怪力

「御」という字の意味にあったように、建御雷之男神が「物事を平らかになだめ、おさめた」エピソードがあります。

国譲りの神話で、建御雷之男神は、天照大神（18ページ）によって葦原の中津国に遣わされます。そして、葦原の中津国を支配する大国主命（72ページ）に、この国を、邇邇芸命（106ページ）に譲るようにと交渉するのです。しかし、大国主命は、息子の事代主神（36ページ）に全権を委ねているから彼に訊けといいます。

事代主神はこれを飲みますが、もうひとりの息子、建御名方神（182ページ）は自分と力比べをしようと言って、いきなり建御雷之男神の腕をつかみました。すると、建御雷之男神の手は、刀の刃のように硬くなって、建御名方神を信濃国（現・長野県）の諏訪湖のほとりまで投げ飛ばしてしまうのです。そして、建御名方神はもう諏訪の地方から外には出ないことを誓わされてしまいます。

こうした怪力の話などから、建御雷之男神は、武運長久、スポーツ上達などに御利益がある神様として知られ、相撲の起源となったという説もあります。

また、神武天皇（26ページ）が東征した際には、建御雷之男神は、熊野で進むことが出来なくなった神武天皇を助けています。『古事記』には熊の出現によって進めなくなったとされますが（『日本書紀』では、毒素のために進めなくなったとされる）、高倉下（156ページ）の剣となってこれを敗ったのでした。

藤原氏の氏神として春日大社に祀られている

絶対的な強さを誇る武神・建御雷之男神ですが、中臣鎌足の息子であり、『古事記』の編纂に深く関わっていた藤原不比等が、藤原氏の氏神である建御雷之男神をこのように描いたのかもしれません。

祀られている神社

- 鹿島神宮：茨城県鹿嶋市宮中2306-1
- 春日大社：奈良県奈良市春日野町160

学問・技芸向上の神様

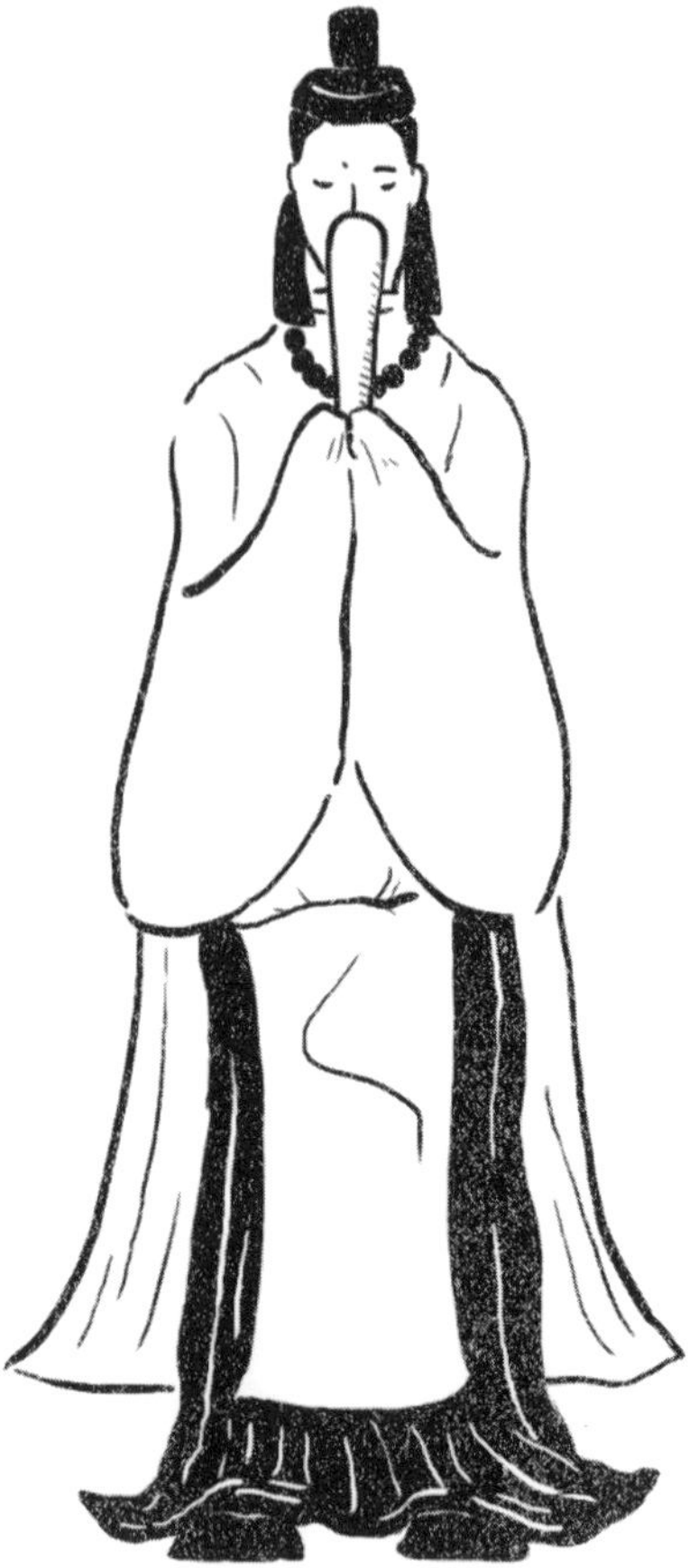

天《てん》智《ぢ》天《てん》皇《のう》

天の神の命を受けて、人間界を治める者……天

矢のようにズバリ、言い当てること……智

天の神の命を受けて、人間界を治める者……天

偉大な王、開祖を表す……皇

主なご利益
- 学芸守護
- 文化守護
- 開運
- 産業守護

古代国家の基礎を作った実在の天皇から神様に

第38代天皇、実在の天皇です。推古天皇34（626）年に舒明天皇の第二皇子として生まれ、天皇になる前の名前を中大兄皇子という。645年、中臣鎌足と一緒に蘇我入鹿を殺し、大化の改新を行った。また、日本で初めて時報を鳴らした神様でもあり、近江神宮では時計業界の人たちが集まる「漏刻祭」が行われている。

膨大な知識を誇った学問成就と時間の神様

「天」は「大」という漢字の上に「一」が書かれた漢字です。「大」は、人が両手を、地面に水平に広げて立っているところを描いた象形文字です。そして「天」の第一画、「一」は人の頭上に、水平に広がっている「空」を意味します。**「智」**は、「矢」と「口」と「日」からできた漢字です。「知」に「日」がついていますが、「知」は、矢がまっすぐ的の真ん中に当たるように、口で正しいことを言えることを言います。これに「日」がついて、さらに「明らかに口で、正しいことが言える」ということを表します。

「天智天皇」とは、天のように広く限りない智恵を持つ天皇を意味するのです。

また、歴史では習わないかもしれませんが、じつは、天智天皇の時に初めて、我が国に「時」の感覚がもたらされました。変な言い方ですが、じつは、それまで日本には「時計」がなかったのです。もちろん、今のような時計ではありません。漏刻と呼ばれるもので、水が一滴ずつ落ちることで、時を計りました。そして時報を、鐘と鼓を鳴らして教えるようにしたと言われます。天智天皇は、当時の最先端の「智」で我が国を統べた天皇であったとも言えるのではないでしょうか。

祀られている神社

- 近江神宮：滋賀県大津市神宮町1-1
- 村山神社：愛媛県四国中央市土居町津根1865

学問・技芸向上の神様

天宇受売命《あめのうずめのみこと》

人の頭上に大きく広がる天空 …… 天

大きな屋根のような大空に覆われた世界 …… 宇

よいものを、きちんと受け止める …… 受

自分が持っているものと交換して、価値あるものを得る …… 売

お告げ、天からの使命 …… 命

主なご利益

- 芸能上達
- 武芸守護
- 縁結び
- 夫婦和合
- 健康長寿

舞を踊り、天照大神を天岩戸から出した芸能の神様

天照大神が天岩戸に隠れてしまった時、再びこの世に呼び戻すことに成功した神様。多くの神様が天岩戸の前で宴会をしたなかで、天宇受売命が着物を脱いで胸も陰部も露わにして踊り出したことで、場が盛り上がり、天照大神が出てきたと伝えられている。また、天孫降臨の際に出会った猿田毘古神と結婚している。

地上の幸せがいつまでも続くよう優しく見守る

「天」は、人の頭上に大きく広がる天空です。**「宇」**は、「宀」と「于」が合わさって作られた漢字です。「宀」は屋根で、「于」は、丸く曲線を描いていることを表します。つまり天球を表し、宇宙全体を示します。**「受」**は、「爪」と「舟」と「又」が組み合わさって作られています。これは「向こう岸から離した舟を、こちら側の人が受け止める」ということを意味したものです。そこから「然るべきものをきちんと受け止める」という意味になりました。

こうしたことからすれば、「天宇受売命」とは、「この地を覆う大きな天から預かったものを、きちんと受け止めた、女性の神様」ということになるでしょう。

しかし、ちょっと変わった神様です。天宇受売命は、邇邇芸命（106ページ）の天孫降臨に同行した際にも、裸になって邇邇芸命を救っています。それは、猿田毘古神（32ページ）が邇邇芸命の行く手を遮った時のことでした。またしても天宇受売命は、裸になって胸と陰部を見せたのです。驚いた猿田毘古神は、名を名乗り、そして自ら道案内役を買って出たのでした。これが縁で、二柱は結婚することになります。

祀られている神社

- 戸隠神社：長野県長野市戸隠3506
- 椿大神社：三重県鈴鹿市山本町1871

学問・技芸向上の神様

田道間守命《たじまもりのみこと》

田……畑や田んぼなどの農地

道……頭を向けて進んでいく道

間……空間上、時間上のふたつの物に挟まれたところ

守……屋根の下に囲い込んでまもる

命……お告げ、天からの使命

主なご利益

・菓子作りの上達
・無病息災
・健康美容
・渡航安全

不老不死の果実を探したお菓子作りの神様

『古事記』『日本書紀』いずれにも登場する神様。垂仁天皇の命で、不老不死の果実「非時香菓《ときじくのかくのみ》」を探し出すために、常世国に派遣された。非時香菓は、ミカンなどの柑橘系の樹木だと言われているが、当時、甘い果物をお菓子と呼んでいたことから、お菓子の神様、料理の神様などとして祀られるようになった。

垂仁天皇への忠心から、自ら命を絶った

「田」は、水田も畑も区別せず、農作物を育てるところです。**「道」**という漢字は、「首」と「辶」が組み合わさって作られています。「首」は、今、我が国では頭を支える頸の部分を指すようになっていますが、胸から上の部分をすべて表す漢字です。これに「辶」がつき、頭が進んで行くという意味で「目標に向かって進むこと」を道という漢字は表しています。**「間」**は、時間や空間で、挟まれたところにあることを言う漢字です。「門」が場所を表し、「日」が時間を表しています。

ただ、「たじま」は、ミカンなどの木の総称である橘《たちばな》を指しているのではないか、あるいは「但馬国」のことではないかとも言われます。**「守」**は、「宀」と「寸」でできています。「宀」は、屋根のあるところを意味し、「寸」は、手で何かを守っている」ことを表します。

また、田道間守命が非時香菓を探し出した物語には続きがあります。常世国では非時香菓がなかなか見つからず、田道間守命が戻った時には垂仁天皇はすでに逝去していました。悲しみに打ちひしがれた田道間守命は、非時香菓の木の半分を皇后に捧げ、もう半分を垂仁天皇の御陵に植えると、自ら命を絶ったのでした。

祀られている神社

- 中嶋神社：兵庫県豊岡市三宅1
- 菓祖神社：京都府京都市左京区吉田神楽岡町30 吉田神社内

底筒男命《そこつつのおのみこと》・中筒男命《なかつつのおのみこと》・

底……ものの一番低いところ
筒……竹の管
男……力のある立派な男
命……お告げ、天からの使命

中……まんなか
筒……竹の管
男……力のある立派な男
命……お告げ、天からの使命

表筒男命《うわつつのおのみこと》

表……外側に現れた部分、うわべ
筒……竹の管
男……力のある立派な男
命……お告げ、天からの使命

主なご利益

・文芸上達
・海上安全
・漁業守護
・貿易守護

神功皇后を助けた海全体の神様
また和歌上達の神様

伊邪那岐命の禊で生まれた神たち。伊邪那岐命が海の水面の水を使って上半身を浄めたときに生まれた表筒男命、次に身体の真ん中あたりを海の中の水で浄めたときに生まれた中筒男命、そして足の部分を浄めた時に海底から生まれたのが底筒男命である。「住吉三神」とも呼ばれ、大阪の住吉大社に祀られている。

住吉三神《すみよしさんじん》

海のことは何でも知っている三柱の兄弟神

「底」は、「广」と「氏」「一」が組み合わさって作られています。「氏」は、物が積み重なっていることを意味し、「广」は、簡単な建物を表します。こうした物を積み重ねた倉庫のような建物の一番下にある部分を意味するのが「一」です。ここから、物の一番低いところ、器などの底の部分を表す漢字として使われるようになりました。

これに対して**「中」**は、弓矢の的の中心を意味することから、「まんなか」の部分を表す漢字として使われるようになったものです。

また**「表」**は、「𠆢」と「毛」「衣」が合わさって作られた漢字です。これは「毛皮の衣」を表に出して着ることを表すもので、ここから「外側に見える部分」を意味するようになりました。

「筒」は「竹の空洞」を表したものです。「筒」はそこに筒抜けで精通していることを意味します。「底筒」「中筒」「表筒」と書いてありますが、それぞれ、海の底のこと、海の真ん中のこと、海の表面をよく知っているということを表します。

神功皇后を無事に新羅まで渡らせた海上の守護神

「住吉三神」と呼ばれるこの三柱は仲哀天皇の時、神功皇后（66ページ）のところに現れ、新羅を征伐するように言いました。ところが仲哀天皇はこれを信じずに、住吉三神の祟りによって死んでしまいます。神功皇后は、新羅を攻めますが、この新羅遠征で海路を無事航行させたのもこの三柱です。

奈良時代から平安時代まで全二十回企図された遣唐使（実際の派遣は十六回か）の出発前の儀式はこの住吉三神に航海の安全を祈願することでした。航海安全、海運守護の神様として祀られています。

また、『伊勢物語』には、神功皇后へのご神託が和歌であったと記され、そのため、和歌の神様としても知られています。この三柱が祀られている住吉大社は万葉集が書かれた時代までは「スミノエ」と呼ばれていました。それは現在ではもう見えなくなった清らかな入り江があったからと言われます。なので、古く「住吉三神」は「住江大神」「墨江大神」などと書かれることもあります。

祀られている神社

- 住吉大社：大阪府大阪市住吉区住吉2-9-89
- 星田神社：大阪府交野市星田2-5-14

学問・技芸向上の神様

天手力男命《あめのたぢからおのみこと》

天の神の命を受けて、人間界を治める者 …… 天

五本指のある手 …… 手

腕から手まで筋骨隆々 …… 力

力のある立派な男 …… 男

お告げ、天からの使命 …… 命

主なご利益

・スポーツ上達
・開運招福
・技芸上達
・災難厄除け
・五穀豊穣

三種の神器とともに降臨した怪力な神様

天手力男命は、天孫降臨の際、天照大神が三種の神器に思金神《おもいかねのかみ》、天石門別神《あまのいわとわけのかみ》と天手力男命をそえたことで地上に現れたと言われている。思金神は八百万の神々に天照大神を天岩戸から出す方法を教えた知恵の神様で、天石門別神は、「門」の神様である。天皇の宮殿の四方の門に祀られている。

天上界の天岩戸から戸隠まで、大岩を投げた神様

「天」は「大」という漢字の上に「一」が書かれた漢字で天空を表します。**「手」**は、手首から五本の指までを描いた象形文字が変化したものです。**「力」**は、肩から手首までの腕の筋肉を描いた象形文字が変化したものです。**「男」**という漢字は、力のある男が、農耕具を使っている姿を表しています。

名前に使われている漢字から見ても、天下一力持ちで、いかにもパワフルな神様と言っていいでしょう。

天岩戸に隠れた天照大神（18ページ）が、天宇受売命（172ページ）の裸での舞踊に沸き上がった神々の宴会で顔を覗かせた時、すかさず天照大神の手を引いて外の世界に出し、また天岩戸を掴んで、思いっきり投げたのが天手力男命です。

この天岩戸は、現在長野県にある戸隠神社だとされています。

筋骨隆々の神様で、スポーツ上達、また天照大神を天岩戸から出したということで、開運の神様としても祀られています。

祀られている神社

- 戸隠神社：長野県長野市戸隠3690
- 佐那神社：三重県多気郡多気町仁田156

学問・技芸向上の神様

建御名方神《たけみなかたのかみ》

しっかりと
建てる …… 建

治める、
使いこなす、
はべる、
そばに仕える …… 御

自分が誰か
はっきりさせる …… 名
もの

ならべる、
くらべる …… 方

理性では
分からない
不思議な力 …… 神

**諏訪神社に祀られる
力自慢の神様**

諏訪大社の祭神として多くの信仰を集める神様。戦国時代に武田信玄が戦勝祈願を行った武神としても知られている。大国主命の子どもであり、国譲りでは建御雷之男神との一騎打ちに敗れるが、千人で引かなければ動かないような千引きの岩を片手で軽々と持ち上げていた怪力の持ち主。

主なご利益

- 武芸守護
- 盛業繁栄
- 狩猟守護
- 五穀豊穣
- 家内安全

国譲り神話に登場する、勝負事に霊験あらたかな武神

「建」は、「聿」と「廴」で作られています。「聿」は「筆」をまっすぐ縦に立てた状態を表し、「廴」は進むことを意味します。つまり、「建」は、身体をまっすぐに立てて、堂々と躍進することを示します。そして「たけ」という読みは「猛る」ことを表します。後から「イ」がついて、人が丈夫でどんどん邁進するという意味の「健」という漢字が作られることになりますが、そのもとの意味です。**「御」**は、「杵」と、それをついている人を表す「卩（人）」からできた漢字です。「杵をついて柔らかくする」ことがもともとの意味ですが、ここから「物事を平らかにしてなだめ、おさめる」という意味になりました。馬に乗ることを「御」と言いますが、これは暴れてどこに進んで行くか分からない馬を、なだめて、思い通りのスピードで、正しい方向に行かせることなのです。**「名」**は、「夕」と「口」が組み合わさってできています。「夕」は、薄暗い夕方、たそがれて向こう側にいる人が誰なのか分からない時のことです。そんなときに「口」に出して、自分が誰かをはっきりと告げることを「名」と言います。「はっきりわからないものをわからせる」のが「名」なのです。**「方」**は、もともとは、二本の枝がつき出た、畑を耕す農具の形を描いた象形文字です。同じ長さの枝が出ているので、「並ぶ」「並べる」「比べる」などの意味として使われました。またこの農具には手を添える長い横棒がついて、四つ

の枝に見えるため、東西南北の「四方向」などの「方向」を表す漢字としても使われるようになりました。

五穀豊穣や武芸上達のご利益

また「御名方《みなかた》」は、「どちらが強いか、名前を比べる」ということを意味すると同時に、「水潟」で「水のある干潟」などの神様であることも意味しています。

「方」が農具を表すこと、また「水潟」という水田のことを意味する名前が音に籠められていることから、五穀豊穣の神様としても知られています。また力が自慢の神様だったことから武芸上達の御利益もあると言われます。

建御雷之男神との力比べに敗れる

建御名方神の父親は、大国主命（72ページ）です。建御名方神は、大国主命とともに出雲の国にいましたが、ある時、高天原から建御雷之男神（166ページ）が降臨して、国を譲るようにと言われます。

建御名方神は、千人力の力持ちだったこともあって建御雷之男神と力比べをして、国を譲るか否かを決めようと言います。

すると、建御雷之男神は両手を剣と氷に変えて、建御名方神の両手を掴むと、投げ飛ばしたのです。建御名方神は、その後逃げますが、今の長野県の諏訪湖で捕まってしまいます。仕方なく国を譲ると、諏訪から出ないことを約束させられて、諏訪大社に祀られたのでした。

ところで「諏訪」は「すわ」と読み、「波が静かである」ということを意味しますが、これには次のような言い伝えがあります。

ある時、この地方で蝦蟇《がま》が暴れていました。建御名方神はこれを退治し、竜宮城に通ずる穴に閉じ込め石で蓋をしたのです。諏訪神社では、これを祈念して、今でも蛙狩神事《かわずがりしんじ》が行われています。

祀られている神社

- 諏訪大社：長野県諏訪市中洲宮山1
- 諏訪神社：静岡県浜松市中区利町302-5

学問・技芸向上の神様

高倍神《たかべのかみ》

高い場所、崇高であること……高

ふたつに離す、ますます増やす……倍

理性では分からない不思議な力……神

景行天皇に料理をふるまい
称号を賜った人物神

第八代孝元天皇の玄孫。『日本書紀』には磐鹿六鴈《いわかむつかり》の名前で記されている。景行天皇が倭建命の東国平定を偲んで安房（現・千葉県）に行幸した際、なますを調理して天皇に差し出したところ、天皇は、これを賞味し、磐鹿六鴈に「膳大伴部《かしわでのおおともべ》」という称号を下賜した。そして、「高倍神」の名で料理の神様として祀られるようになった。

主なご利益

・料理上達
・技能向上
・商売繁盛

その名が見事な庖丁さばきを表す料理の神様

「高」という字の異体字に「髙」がありますが、もともとはこのように書かれていました。屋根があり階段か梯子のようなもので上らなければならない高い建物を意味します。また、こうした高い建物に住むのは身分の高い人ですから、ここから「崇高である」という意味が派生しました。

高倍神は、まだ人間であった頃、天皇に料理を献上した人物でもありますので、「崇高な」という形容詞に値する役割の人物だったと言ってもいいでしょう。

「倍」は、「亻」と「立」「口」で造られています。「音」は、もともとは花の蕾を表す象形文字でしたが、「まだ花が咲いていない」ということで「否定」を表す意味になりました。そして、これが「切り離す」という意味に更に変化し、切り離すことによって、数がどんどん増えていくという意味にも変わって行ったのです。

「高倍神」とは、崇高に「切り離し」をする神様という意味ですが、庖丁を使う料理の神様としての意味でこうした名前が付けられたのでしょう。

祀られている神社

● 高家神社：千葉県南房総市千倉町南朝夷164

学問・技芸向上の神様

天尾羽張神《あめのおはばりのかみ》

天……天の神の命を受けて、人間界を治める者

尾……お尻に生えた毛

羽……二枚の羽

張……弓に長く伸ばした弦を張る

神……理性では分からない不思議な力

伊邪那岐命が使った剣に宿る神様

『古事記』にしか登場しない、剣を神格化した神様。『日本書紀』に記される「稜威雄走神《いつおはしりのかみ》」が同一神だという説もある。火之迦具土神のせいで伊邪那美命を亡くした伊邪那岐命が怒り、火之迦具土神を斬り殺したときに使用した剣である。また別に「十拳剣《とつかのつるぎ》」とも呼ばれる。「十拳剣」とは、拳を十並べた長さの剣という意味である。

主なご利益

・武道上達
・厄除け
・国家鎮護

中津国平定の大役を息子に託した武芸の神

「尾」は「尸」と「毛」からできた漢字です。「尸」は、お尻を表します。ここに生えた毛ですから「尾っぽ」「尻尾」を表します。**「羽」**は、鳥のふたつの羽を描いた象形文字です。**「張」**は、「弓」と「長」が組み合わさって作られています。「長」には「伸ばす」という意味があります。弓弦は、麻や苧《からむし》という植物で造られますが、これを「伸ばしてピンと張る」ということを表しています。

ただ、「尾羽張《おはばり》」とは、切っ先の幅が広い剣を表す名詞です。刀の神様であるということから、武道上達、またあらゆる厄除けの神様として祀られています。

天尾羽張神が切った火之迦具土神（40ページ）の血から産まれた建御雷之男神（166ページ）は、天尾羽張神の息子とされています。天照大神（18ページ）が葦原中津国を大国主命（72ページ）に譲るよう求めた「出雲の国譲り」では、天照大神は天尾羽張神に下界へ行くことを命じたが、天尾羽張神は建御雷之男神を推薦したため、結局、建御雷之男神が鳥之石楠船神（42ページ）とともに葦原中津国へ派遣されることになったのです。

祀られている神社

- 斐伊神社：島根県雲南市木次町里方字宮崎463
- 耀窟神社：千葉県成田市西大須賀1892

参考文献

・『古事記』　日本古典文学全集　小学館
・『日本書紀』　日本古典文学全集　小学館
・『古語拾遺』　岩波文庫
・『知っておきたい日本の神様』　武光誠著　角川ソフィア文庫
・『日本 神さま事典』　三橋健・白山芳太郎編著　大法輪閣
・『神社のいろは』　神社本庁監修　扶桑社
・『神社のいろは　続』　神社本庁監修　扶桑社
・『神話のおへそ』　神社本庁監修　扶桑社
・『縮刷版 神道事典』　國學院大學日本文化研究所編　弘文堂
・『神道の本』　学研プラス
・『日本の神様 解剖図鑑』　平藤喜久子著　エクスナレッジ
・『日本の神様と楽しく生きる―日々ご利益とともに―』
平藤喜久子著　東邦出版
・『日本の神様読み解き事典』　川口謙二編著　柏書房
・『日本の神様ご利益事典』　平藤喜久子著　神宮館

山口謠司

Yoji Yamaguchi

1963年、長崎県生まれ。大東文化大学文学部准教授。博士(中国学)。1989年よりイギリス、ケンブリッジ大学東洋学部に本部をおいて行った『欧州所在日本古典籍総目録』編纂の調査のために渡英。以後、10年におよびスウェーデン、デンマーク、ドイツ、ベルギー、イタリア、フランスの各国図書館に所蔵される日本の古典籍の調査を行う。その間、フランス国立社会科学高等研究院大学院博士課程に在学し、中国唐代漢字音韻の研究を行い、敦煌出土の文献などをパリ国立国会図書館で調査する。テレビやラジオの出演も多く、定期的に講演や講座を開いている。著書には『日本語を作った男』(集英社インターナショナル刊、第29回和辻哲郎文化賞受賞)などがある。

装丁　中野由貴
イラスト　髙安恭ノ介
DTP　エムアンドケイ
校正　円水社

漢字《かんじ》で読《よ》み解《と》く日本《にほん》の神様《かみさま》
2019年6月9日　初版発行

著者　山口謠司
発行者　小林圭太
発行所　株式会社 CCCメディアハウス
〒141-8205 東京都品川区上大崎3丁目1番1号
電話　03-5436-5721（販売）
03-5436-5735（編集）
http://books.cccmh.co.jp

印刷・製本　株式会社新藤慶昌堂

ISBN978-4-484-19217-8